dê adeus ao excesso

FUMIO SASAKI

dê adeus ao excesso

TRADUÇÃO
MARCIA BLASQUES

BOKUTACHI NI, MOU MONO WA HITSUYOU NAI
Copyright © 2015 Fumio Sasaki
Direitos para tradução para o Português no Brasil contratados com Wani Books CO., LTD.
Intermediado pela Japan UNI Agency, Inc., Tokyo e Patricia Natalia Seibel
Tradução para Língua Portuguesa © 2021, Marcia Blasques
Todos os direitos reservados à Astral Cultural e protegidos pela Lei 9.610, de 19.2.1998.
É proibida a reprodução total ou parcial sem a expressa anuência da editora.

Produção editorial Aline Santos, Bárbara Gatti, Jaqueline Lopes, Mariana Rodrigueiro, Natália Ortega, Renan Oliveira e Tâmizi Ribeiro
Revisão Letícia Nakamura
Capa Agência MOV
Foto do autor Copyright © Fumio Sasaki

Dados Internacionais de Catalogação na Publicação (CIP)
Angélica Ilacqua CRB-8/7057

S263d
    Sasaki, Fumio
        Dê adeus ao excesso : a sensação libertadora de viver com menos que só o minimalismo japonês pode proporcionar / Fumio Sasaki ; tradução de Marcia Blasques. — Bauru, SP : Astral Cultural, 2021.
        272 p.

    Título original: BOKUTACHI NI, MOU MONO WA HITSUYOU NAI
    ISBN: 978-65-5566-161-3

    1. Estilo de vida - Simplicidade 2. Vida sustentável I. Título

21-2402
                                          CDD 640

Índice para catálogo sistemático:
1. Estilo de vida - Simplicidade

 ASTRAL CULTURAL EDITORA LTDA.

BAURU
Av. Duque de Caxias, 11-70
CEP 17012-151
Telefone: (14) 3235-3878
Fax: (14) 3235-3879

SÃO PAULO
Rua Major Quedinho 11, 1910
Centro Histórico
CEP 01150-030
Telefone: (11) 3048-2900

E-mail: contato@astralcultural.com.br

sobre a estrutura
deste livro

O capítulo 1 apresenta a definição de minimalismo e o que significa exatamente ser um minimalista. Também explora alguns dos motivos pelos quais eu acredito que o número de minimalistas tem crescido nos últimos anos. Já o capítulo 2 questiona por quê, antes de tudo, acumulamos tanta coisa. Considera os hábitos e os desejos que temos como humanos e os significados que existem por trás de todos os objetos que temos. O capítulo 3 oferece algumas regras básicas e técnicas para reduzir suas posses materiais. Compilei métodos para descartar várias coisas, junto a uma lista adicional para minimalistas que querem se desfazer de mais itens, e também uma solução para minimalistas que acabam se viciando em jogar coisas fora. O capítulo 4 trata das mudanças que sofri quando reduzi ao mínimo minha quantidade de posses. Junto aos resultados psicológicos, ele apresenta as mudanças positivas que aconteceram comigo ao me tornar minimalista e a sensação de felicidade da qual tomei consciência. Por fim, o capítulo 5 se aprofunda nos motivos das mudanças que me fizeram mais feliz, e resume, de modo geral, o que aprendi sobre felicidade ao longo do caminho.

Espero que você comece este livro pelo início, para ter uma compreensão melhor do minimalismo, mas também é possível ler os capítulos de maneira aleatória. Acho que uma olhada rápida no capítulo 3 é interessante para qualquer um que pense em reduzir a quantidade de posses que tem atualmente.

Neste livro, defino "minimalismo" como reduzir ao mínimo nossos itens necessários e renunciar aos excessos para que possamos nos concentrar nas coisas que são realmente importantes para nós. Pessoas que vivem desse jeito são aquelas que considero minimalistas.

sumário

introdução	9
capítulo 1. por que o minimalismo?	19
capítulo 2. por que acumulamos tanto?	47
capítulo 3. 55 dicas para ajudá-lo a dizer adeus para o excesso de coisas	75
capítulo 4. 12 mudanças que fiz desde que disse adeus para minhas coisas	149
capítulo 5. "sentir-se" feliz em vez de "tornar-se" feliz	251
epílogo e agradecimentos	261
recapitulando: as dicas minimalistas de Fumio Sasaki	267

introdução

"Existe felicidade em ter menos. Por isso é hora de dizer adeus a todas as coisas que temos em excesso".

Essa frase é a versão reduzida da mensagem que pretendo passar neste livro. Quero mostrar a você como é incrível ter menos, mesmo que isso seja o completo oposto do que nos ensinaram sobre o que se trata felicidade. Pensamos que quanto mais temos mais felizes somos. E, como não sabemos o que o amanhã nos trará, guardamos e economizamos o máximo possível.

Assim, aos poucos, começamos a julgar as pessoas por quanto dinheiro possuem e a perceber que o dinheiro resolve a maioria dos problemas — dá até mesmo para fazer alguém mudar de ideia pelo preço certo. Nessa linha de pensamento, se é possível comprar a mente das pessoas, certamente dá para comprar felicidade também. Então, você se convence de que precisa ganhar muito dinheiro para ter sucesso. E, para ganhar dinheiro, por consequência, você precisa que todo mundo gaste dinheiro. E assim sucessivamente.

Deixe-me falar um pouco sobre mim mesmo. Sou um homem solteiro, na casa dos trinta anos, nunca me casei. Trabalho como editor em uma editora. Recentemente me mudei de Nakameguro, em Tóquio, onde vivi por uma década, em um bairro chamado Fudomae, em uma parte distinta da cidade. O aluguel é de 67 mil ienes (cerca de 650 dólares) por mês, 20 mil ienes (cerca de 200 dólares) a menos que meu último apartamento. Porém, mesmo sendo mais barato, a mudança praticamente acabou com minhas economias.

Alguns de vocês podem pensar que sou um perdedor: um adulto solteiro e sem muito dinheiro. A versão antiga de mim mesmo teria sentido vergonha de admitir tudo isso. Eu era cheio de um orgulho inútil. Mas, honestamente, não me importo mais com coisas assim. O motivo é muito simples: sou perfeitamente feliz como sou.

Há dez anos, estava ansioso para entrar no mercado editorial. Queria uma carreira na qual pudesse me dedicar a grandes ideias e valores culturais, em vez de me concentrar em dinheiro e objetos materiais. Mas o entusiasmo inicial diminuiu gradualmente. O ramo editorial passava por um período difícil e, para nossa empresa sobreviver, precisávamos de livros que, antes de mais nada, vendessem. Se não publicássemos livros comerciais, seria impossível publicar qualquer coisa, não importando o valor cultural ou intelectual que julgássemos ter. Ao dar de cara com a realidade do mundo dos negócios, amadureci rapidamente. A paixão que ardia dentro de mim quando entrei na empresa começou a esfriar e, por fim, me rendi à ideia de que, no fundo, tudo o que importa é o dinheiro.

Mas, então, me livrei da maioria das minhas posses materiais, e este passo acabou virando a minha vida de cabeça para baixo.

O minimalismo é um estilo de vida no qual você reduz suas posses ao mínimo absoluto necessário. Viver como minimalista, apenas com o básico indispensável, não só proporciona benefícios superficiais, como o prazer de um ambiente arrumado ou a facilidade de limpar, mas também leva a uma mudança mais profunda. Esse processo me deu a chance de pensar sobre o que realmente significa ser feliz.

Disse adeus para muitas coisas, muitas das quais eu tinha há anos. Mesmo assim, agora vivo cada dia com um espírito mais feliz. Hoje me sinto mais contente do que jamais me senti no passado.

Todos queremos ser felizes. Todos nos esforçamos muito no trabalho, nos estudos, nos esportes, em criar os filhos, ou nos hobbies, porque, ao fazermos isso, estamos apenas buscando a felicidade. A energia principal que nos move é o desejo de ser feliz.

Nem sempre fui minimalista. Eu costumava comprar muitas coisas, acreditando que aumentariam minha autoestima e me levariam a uma vida mais feliz. Amava colecionar um monte de coisas inúteis e não jogava nada fora — sempre fui um acumulador autêntico de todas aquelas bugigangas que eu achava que me tornavam uma pessoa mais interessante.

Mas, ao mesmo tempo, estava sempre me comparando com outras pessoas que tinham mais ou melhores coisas, e isso com frequência me deprimia. Não sabia o que fazer para me sentir melhor. Não conseguia me concentrar em nada e estava sempre desperdiçando tempo. Comecei até mesmo a lamentar ter aceitado o emprego que eu queria tanto. O álcool era minha válvula de escape, e não tratava as mulheres como devia. Não tentava mudar; achava que aquilo era só parte de quem eu era, e merecia ser infeliz.

Eis uma descrição de como era meu apartamento: meu quarto não era uma bagunça terrível; se minha namorada vinha passar o fim de semana, eu o arrumava o suficiente para parecer apresentável. Tentava criar um ar "cool" arrumando meus objetos de decoração favoritos, e a iluminação indireta criava uma atmosfera convidativa. Mas, em um dia normal, o quarto tinha livros empilhados por todos os lados, porque não havia espaço suficiente nas estantes. A maioria das pilhas tinha livros que eu folheara uma ou duas vezes, achando que, no dia que tivesse tempo, me sentaria para lê-los.

O armário era estritamente proibido para visitantes — estava lotado com o que costumavam ser minhas roupas favoritas, embora eu quase não as usasse. A maioria daquelas peças só vesti algumas poucas vezes, mas eram caras e as guardava pensando que, se as lavasse e as passasse, começaria a usá-las de verdade.

A sala era repleta com as coisas que eu começara a fazer como hobby e depois deixara de lado. Havia uma guitarra e um amplificador para iniciantes, cobertos de pó. Livros para aprender inglês que eu planejava estudar quando tivesse mais tempo livre. Até mesmo uma câmera fotográfica antiga fabulosa, na qual, é claro, nunca havia colocado filme.

Como eu perdera o interesse em todos aqueles hobbies, não havia nada que quisesse fazer em casa de verdade. Eu acabava assistindo à TV, talvez jogando algo no celular ou comprando alguma bebida na loja de conveniência e bebendo noite adentro, mesmo ciente de que precisava parar de fazer aquilo.

Enquanto isso, continuava me comparando com os outros. Um amigo da faculdade vivia em um condomínio elegante em uma área recém-renovada em Tóquio. Tinha uma entrada reluzente, móveis estilo escandinavo e um jogo de louças fino na sala de jantar. Quando o visitei, me peguei calculando mentalmente o valor do do aluguel enquanto ele, gentil, me convidava a entrar. Ele trabalhava para uma empresa grande, ganhava um bom salário, tinha se casado com sua linda namorada e eles tinham um bebê maravilhoso, todo vestido com roupas infantis da moda. Éramos bem parecidos quando estávamos na faculdade. O que tinha acontecido? Como nossas vidas tinham ficado tão diferentes?

Ou então eu via uma Ferrari conversível branca, impecável, a toda velocidade, se exibindo por aí. O carro provavelmente valia duas vezes o preço do meu apartamento. Ficava olhando inutilmente para o carro, até ele desaparecer de vista, com um pé no pedal da bicicleta de segunda mão que eu comprara de um amigo por 5 mil ienes (cerca de 50 dólares).

Comprava bilhetes de loteria, esperando ficar rico de repente. Terminei o relacionamento com minha namorada, dizendo para ela que não conseguia ver um futuro para nós com meu triste estado financeiro. Enquanto isso, escondia cuidadosamente meu complexo de inferioridade e agia como se nada estivesse errado na minha vida. Mas estava extremamente infeliz e tornava as outras pessoas assim também.

Hoje estou feliz por ter jogado fora vários de meus pertences. Comecei a me tornar uma nova pessoa.

Pode parecer que estou exagerando. Alguém me disse certa vez: "Tudo o que você fez foi jogar coisas fora", o que é verdade. Ainda não conquistei muita coisa e não há nada de que possa realmente me orgulhar, pelo menos não neste ponto da minha vida. Mas de uma coisa tenho certeza: ao ter menos objetos ao meu redor, passei a me sentir mais feliz a cada dia. Lentamente comecei a entender o que é a felicidade.

Se você se identifica com o que eu costumava ser — infeliz, alguém que vive se comparando o tempo todo com os outros, ou simplesmente acreditando que a vida é uma droga —, acho que deveria tentar dizer adeus para algumas de suas coisas. Sim, há certas pessoas que jamais se ligam aos bens materiais e também aqueles raros gênios que conseguem prosperar em meio ao caos de suas posses. Mas quero pensar em como as pessoas comuns, como você e eu, podem encontrar o prazer real em suas vidas. Todo mundo quer ser feliz. Mas tentar comprar a felicidade só nos deixa feliz por algum tempo. No que se refere à verdadeira felicidade, estamos perdidos.

Depois do que passei, acho que dizer adeus para nossas coisas é mais do que um exercício de organização. Para mim, trata-se de pensar sobre a verdadeira felicidade.

Talvez isso pareça um exagero para você. Mas acredito seriamente que seja verdade.

Estamos mais interessados em fazer os outros
acreditarem que estamos felizes do que em
tentar ser felizes por nós mesmos.

François de La Rochefoucauld

Você não é seu emprego. Você não é o tanto de
dinheiro que tem no banco. Você não é o carro
que dirige. Você não é o que tem dentro de sua
carteira. Você não é a maldita calça que veste.

Tyler Durden, em *Clube da luta*

Felicidade não é ter o que quer,
mas querer o que tem.

Rabino Hyman Schachtel

capítulo 1

por que o minimalismo?

todo mundo começa sendo minimalista

Se você pensar bem, não há uma única pessoa que tenha nascido neste mundo segurando algum bem material nas mãos. Todo mundo começa sendo minimalista. Nosso valor não é a soma dos nossos pertences.

As coisas que possuímos podem nos fazer felizes só por breves períodos. Objetos materiais desnecessários consomem nosso tempo, nossa energia e nossa liberdade. Acho que os minimalistas estão começando a perceber isso.

É provável que você consiga imaginar a sensação revigorante proveniente de se desfazer do supérfluo e minimizar, mesmo que haja montanhas de coisas espalhadas pela sua casa agora. Isso porque todos passamos por algo assim em um momento ou outro.

Pense, por exemplo, em sair de viagem. Antes de partir, você provavelmente fica ocupado em fazer as malas até o último instante. Então, revisa a lista de itens que precisa levar e, embora tudo pareça bem, é impossível evitar a sensação de que está esquecendo alguma coisa. Mas o tempo está passando, e é hora de ir. Por fim, você desiste, se levanta, tranca a porta ao sair e começa a puxar a mala pela calçada — com uma estranha sensação de liberdade.

Você pensa que, sim, dá para viver um tempo com esta única mala. Talvez tenha se esquecido de levar algo, mas, ei, sempre dá para conseguir o que falta no lugar para onde está indo.

Você chega ao seu destino e se deita em uma cama recém-arrumada, o quarto está limpo e arrumado. Você não está cercado pelas coisas que normalmente o distraem e que costumam ocupar grande parte de sua atenção. É por isso que as acomodações de viagem em geral parecem tão confortáveis. Você guarda a mala e sai para caminhar pelas redondezas. Sente os pés leves, como se pudesse andar para sempre. Está livre para ir aonde quiser. O tempo está ao seu lado, sem as tarefas e as responsabilidades de trabalho que pesam sobre você.

Este é um estado minimalista, e a maioria de nós já viveu isso em um momento ou outro. Mas o contrário também é verdade.

Imagine seu voo de volta. Embora seus pertences estivessem guardados organizadamente na mala no início da viagem, agora tudo está espremido numa grande bagunça. As lembranças que comprou não couberam na mala, então você também carrega algumas sacolas na mão. Os tíquetes de entrada e os recibos dos locais turísticos visitados — você vai arrumar tudo aquilo mais tarde, certo? — estão enfiados nos seus bolsos. Você está parado na fila da segurança e chegou a hora de pegar o bilhete de embarque. E, agora, onde o colocou? Você começa a olhar em todos os lugares, mas não consegue encontrar. O início da fila está chegando mais perto, e sua frustração aumenta. Dá para sentir os olhares gelados das outras pessoas paradas na fila atrás de você, como se suas costas estivessem sendo perfuradas por agulhas e alfinetes.

Este é um estado maximalista. Essas situações de estresse tendem a acontecer quando estamos carregados com mais objetos do que conseguimos lidar. Não dá para separar o que é realmente importante.

Com nosso desejo de ter mais, acabamos passando muito tempo dedicando energia para administrar e manter tudo o que temos. Nos esforçamos tanto para fazer isso que as coisas que supostamente deveriam ajudar acabam nos governando.

Tyler Durden expressou isso muito bem no filme *Clube da luta*: "As coisas que você possui acabam possuindo você."

um dia na minha vida antes de me tornar minimalista

Quando ainda acumulava muitas coisas, um dia típico na minha vida costumava ser assim: chegava em casa do trabalho, tirava as roupas de qualquer jeito e as largava onde estivesse. Depois tomava um banho, sem deixar de notar a rachadura na pia do banheiro que precisava ser consertada. Então, me sentava diante da TV para ficar em dia com os programas que tinha gravado, ou talvez assistir a um dos filmes que alugara, e abria uma lata de cerveja. O vinho ficava para mais tarde e havia vezes em que eu terminava uma garrava tão rápido que tinha que ir até a loja de conveniência, já bêbado.

Uma vez, ouvi a frase: *O álcool não é felicidade, mas sim um respiro temporário da infelicidade.* Esse era exatamente o meu caso. Eu queria esquecer o quão deprimido me sentia, mesmo que por um breve momento.

Acordava, toda manhã, me sentindo mal-humorado e relutante para sair da cama. Apertava o botão soneca do meu despertador a cada dez minutos, até que o sol estivesse alto no céu e eu estivesse bem atrasado para me aprontar para o trabalho.

Eu sempre me sentia cansado e com uma dor de cabeça latejante por novamente ter bebido em excesso. Sentado no vaso sanitário, segurava os "pneus" ao redor da barriga.

Depois, abria a secadora de roupas, pegava uma camisa toda enrugada que tinha jogado lá dentro na noite anterior, vestia-a, olhando de relance para as roupas que ainda precisavam ser lavadas, e tomava coragem para sair de casa.

Seguia para o trabalho, enjoado e cansado do velho caminho de sempre. Entrava na internet e visitava fóruns on-line anônimos para passar o tempo, já que eu sabia que não conseguiria me concentrar nos meus afazeres logo de manhã.

Verificava o meu e-mail de forma obsessiva e respondia no mesmo momento, pensando que, desta forma, demonstraria eficiência no trabalho. Tudo isso enquanto continuava postergando as tarefas realmente importantes. Deixava o escritório no fim do dia não porque tinha terminado tudo o que supostamente deveria terminar, mas só porque era hora de ir para casa.

Na minha época pré-minimalista, tinha várias desculpas. Não conseguia acordar de manhã porque tinha trabalhado até tarde. Era gordo por causa da genética. Poderia começar a trabalhar mais cedo se vivesse em um ambiente melhor. Minha casa não tinha espaço para nada, então como poderia evitar que estivesse bagunçada? Além disso, nem era minha — eu só a alugava: então qual a vantagem de tentar melhorá-la? Claro que eu manteria tudo limpo se tivesse uma casa espaçosa que realmente fosse minha, mas, com meu salário limitado, não era possível mudar para um lugar maior.

As desculpas eram infinitas, e todos os pensamentos que percorriam minha mente eram negativos. Eu estava preso naquela mentalidade e, por causa do meu inútil sentimento de orgulho, tinha medo de falhar se fizesse algo para mudar a situação.

um dia na minha vida como minimalista

Desde que reduzi minhas posses, uma mudança drástica ocorreu no meu cotidiano. Chego em casa do trabalho e tomo um banho. Minha banheira está sempre reluzente de tão limpa. Termino o banho e visto minha roupa favorita para relaxar em casa. Já que me livrei da TV, leio um livro. Não bebo mais sozinho. Vou para cama depois de aproveitar algum tempo para fazer alongamentos, usando o espaço que antes estava abarrotado com as minhas coisas.

Agora acordo ao nascer do sol e não dependo mais do meu despertador. Depois que meus bens materiais se foram, os raios brilhantes do sol da manhã se refletem no papel de parede branco e iluminam o apartamento. O simples ato de levantar pela manhã, que no passado era algo difícil, agora se tornou uma rotina agradável. Guardo meu futon. Aproveito o tempo para desfrutar o café da manhã e saborear o café espresso que faço na minha Macchinetta, e sempre lavo a louça depois da refeição. Sento e medito para limpar a mente. Passo aspirador no apartamento todos os dias. Lavo a roupa se o tempo estiver bom. Visto as roupas que estão cuidadosamente dobradas e deixo o apartamento me sentindo bem. Agora gosto de fazer o mesmo caminho para o trabalho todos os dias — isso me permite apreciar as mudanças das quatro estações.

Não consigo acreditar em como minha vida mudou. Livrei-me de minhas posses e agora sou realmente feliz.

coisas que joguei fora

Vou compartilhar com você as coisas que joguei fora:

• Todos os meus livros, incluindo minhas estantes. Devo ter gasto pelo menos 1 milhão de ienes (cerca de 10 mil dólares) naqueles livros, mas os vendi por 20 mil ienes (cerca de 200 dólares);

• Meu aparelho de som e todos os meus CDs. Tenho que admitir: costumava fingir ser entendido em vários tipos de música, mesmo aquelas pelas quais não me interessava;

• Um grande armário de cozinha que estava sempre cheio por algum motivo, embora eu viva sozinho;

• Uma coleção de peças antigas — que comprei por impulso em vários leilões;

• Roupas caras que não me serviam, mas que eu achava que iria usar quando perdesse peso... um dia desses;

• Um equipamento de fotografia completo. Tinha até montado um quarto escuro. No que eu estava pensando?;

• Várias ferramentas para fazer manutenção na minha bicicleta;

• Uma guitarra elétrica e um amplificador, ambos cobertos de pó. Eles estavam largados em um canto, porque não queria admitir para mim mesmo que minha tentativa de me tornar um músico fantástico tinha fracassado;

- Uma escrivaninha e uma mesa de jantar, ambas grandes demais para um homem solteiro. Embora eu não convidasse pessoas para me visitar, nutria o desejo de compartilhar uma refeição caseira as pessoas;
- Um colchão *king size* extremamente confortável, mas muito pesado também;
- Uma TV de 42 polegadas que claramente não era compatível com minha sala de nove metros quadrados, mas que supostamente demonstrava que eu era um grande fã de filmes;
- Um equipamento completo de *home theater* e um PS3;
- Vídeos pornográficos armazenados no meu HD — talvez este tenha sido o item que mais me exigiu coragem para me desfazer;
- Rolos e mais rolos de filme fotográfico, empilhados e bagunçados;
- Cartas antigas que guardava desde o jardim de infância.

Como tinha dificuldade para abrir mão de coisas, tirei fotos de tudo o que joguei fora. Fotografei a capa de todos os meus livros também. Deve haver pelo menos três mil fotos guardadas em meu HD.

Agora que penso a respeito, tinha tudo o que alguém pudesse querer: uma TV grande, um bom equipamento de *home theater*, um computador, um iPhone, uma cama confortável e muito mais. E, embora tivesse todo o necessário, ainda pensava no que faltava na minha vida.

Naquela época pensava que só poderia ver filmes com minha namorada como se deve, ou seja, se tivesse um sofá de couro, assim poderia colocar o braço sem querer ao redor dos ombros dela durante o filme. Eu provavelmente pareceria mais inteligente se tivesse uma estante até o teto. Poderia convidar amigos para festas se tivesse um grande terraço coberto. Todos os apartamentos que via nas revistas tinham esse tipo de coisa, e eu não tinha nada daquilo. Se tivesse algo assim, as pessoas começariam a me notar.

Todas as coisas que eu não tinha estavam entre mim e minha felicidade. Era assim que minha mente costumava funcionar.

por que me tornei um minimalista

As pessoas se tornam minimalistas por motivos diferentes. Há aquelas que perdem o controle de suas vidas por conta dos efeitos de seus bens materiais. Há outras que são podres de ricas, mas continuam infelizes, não importa o tanto de itens que acumularam. Algumas pessoas se livram de suas posses pouco a pouco, cada vez que se mudam. Outras se desprendem de tudo na tentativa de acabar com a depressão. E há também aquelas cujo modo de pensar mudou depois de viver algum grande desastre natural.

Sou o caso clássico do primeiro tipo. Me tornei um minimalista como reação à minha pocilga terrivelmente bagunçada. Jamais poderia jogar minhas coisas fora. Amava tudo o que tinha.

Vamos supor que alguém tivesse me deixado um bilhete com um recado, dizendo que alguém tinha me ligado no trabalho. O simples pensamento de que a pessoa tinha dedicado tempo e esforço para me deixar aquele pedaço de papel escrito à mão tornava impossível jogá-lo fora.

Quando fui morar em Tóquio, depois de deixar minha terra natal, no município de Kagawa, meu apartamento não tinha nada além do essencial. Mas como não conseguia jogar nada fora, ele gradualmente se tornou o palácio da bagunça. E eu conseguia arrumar justificativa para manter tudo aquilo dentro da minha casa.

Costumava gostar bastante de tirar fotos. Queria capturar momentos preciosos e torná-los meus; me ligar a tudo que algum dia pudesse se tornar uma boa lembrança.

Os livros que li são muito importantes, como se fizessem parte de mim, então, naturalmente, não podia me separar deles. Queria compartilhar meus filmes e minhas músicas preferidas com outras pessoas. Sempre havia hobbies aos quais queria me dedicar quando tivesse tempo.

Não conseguia jogar fora nada caro. Seria um grande desperdício. E só porque não usava algo em determinado momento, não queria dizer que algum dia não fosse precisar daquilo.

Estes eram alguns dos motivos que passavam pela minha cabeça enquanto continuava a acumular coisas. Era o completo oposto de como me sinto agora. Eu era um maximalista, determinado a guardar tudo, a comprar os objetos mais bacanas, maiores e mais pesados pelos quais pudesse pagar.

E, conforme meus pertences começavam a ocupar mais e mais espaço, comecei a ficar sobrecarregado por eles, gastando minha energia nos objetos, enquanto me odiava por não ser capaz de fazer um bom uso de todos eles.

Mesmo assim, não importava o quanto eu acumulasse, minha atenção estava sempre voltada para as coisas que não tinha. Sentia inveja de outras pessoas. Não conseguia jogar nada fora e estava preso em um círculo vicioso de autodesprezo.

Mas, ao me livrar das minhas coisas, finalmente comecei a sair daquela situação. Se você é como eu era — insatisfeito com sua própria vida, inseguro, sentindo-se infeliz —, tente reduzir seus pertences. Você vai começar a mudar.

A infelicidade não é apenas resultado da nossa genética, de um trauma ocorrido no passado ou de problemas existentes em nossa carreira. Acredito que parte da nossa infelicidade é simplesmente resultado do fardo que carregamos por conta de todas as coisas que possuímos.

os japoneses costumavam ser minimalistas

Nascemos neste mundo como minimalistas, mas os japoneses costumavam levar vidas minimalistas também. Estrangeiros que vinham ao Japão antes da industrialização ficavam chocados. Embora hoje seja difícil imaginar esse cenário, a maioria das pessoas tinha em seu guarda-roupa talvez dois ou três quimonos, sempre mantidos limpos.

Os japoneses viajavam com pouca coisa; suas pernas eram fortes e conseguiam caminhar para onde precisassem ir. As casas eram feitas com estruturas simples que podiam ser reconstruídas rapidamente; além disso, as pessoas não costumavam viver no mesmo lugar a vida toda. A cultura japonesa costumava ser uma cultura minimalista.

Vamos olhar, por exemplo, a cerimônia do chá no Japão. Não há nada excessivo na sala em que a cerimônia ocorre. Há uma única porta minúscula que serve de entrada ao local, e é impossível passar por ela se você tem o peito estufado de presunção. Até mesmo guerreiros samurais dos tempos passados não tinham permissão de portar sua espada dentro da sala da cerimônia do chá.

Não importava e ainda hoje não importa quem você é — se é alguém importante ou se você é rico ou pobre —, esta é simplesmente uma sala para pessoas saborearem uma xícara de chá e compartilharem ideias entre si.

o minimalismo volta ao Japão

A empresa norte-americana Apple tem uma conexão intrigante com a cultura minimalista do Japão. Não à toa, muitos minimalistas gostam dos produtos produzidos pela Apple e, por consequência, do fundador da Apple, Steve Jobs.

Os produtos que Jobs criou sempre evitaram excessos. O iPhone tem só um botão, e você não tem que se preocupar em ficar preso a um monte de cabos e apetrechos extras quando compra um Mac. Os produtos da Apple em geral não incluem manuais de operação. Acho que tudo isso se deve ao fato de Jobs ter sido um minimalista e ser conhecido como um praticante do zen-budismo japonês, que prega o minimalismo.

É fato que Steve Jobs considerava o mestre Kobun Otogawa, da escola Soto, seu mestre e que, em determinado ponto, pensara seriamente em estudar o zen-budismo no templo Eiheiji, localizado no meio das montanhas da costa do mar do Japão.

Jobs foi conhecido por não ter tido problemas em erguer a voz se não gostasse de alguma coisa. Não gostava de coisas excessivas nem de complicações. É interessante imaginar que a cultura japonesa pode ter sido parte do espírito subjacente de uma das maiores empresas do mundo. E, hoje, a porcentagem de usuários de iPhone é especialmente alta no Japão, o que significa que, por meio de Steve Jobs, nossa cultura minimalista voltou ao país.

a definição de um minimalista

Como conseguimos definir um minimalista? Quão longe você precisa ir para reduzir seus bens materiais para se definir como minimalista? É difícil chegar a uma definição exata, já que sempre faltará algum elemento, mas minha definição de minimalista é uma pessoa que sabe o que é verdadeiramente essencial para sua existência, que reduz o número de posses de que dispoe em detrimento de coisas que são realmente importantes em sua vida.

Não há um conjunto de regras. Você não é desclassificado se tem uma TV ou se possui mais de cem objetos. Não dá nem para dizer que vai se tornar um minimalista ao se livrar destes itens. Você não é necessariamente um minimalista só porque tudo o que possui cabe em uma única mala.

Pessoas diferentes têm abordagens distintas para seu ambiente. Satoshi Murakami leva a vida de um nômade, carregando sua casa feita de isopor de um lado para o outro. Já Keigo Sakatsume não tem casa, e vive na estrada com uma bolsa de mão como sua única posse.

Minha opinião é que minimalistas são pessoas que sabem o que é realmente necessário para elas, em oposição ao que poderiam querer a fim de manter uma aparência. Além disso, os minimalistas não têm medo de se livrar de tudo o que pertence a essa segunda categoria.

As coisas que são importantes dependem da vivência de cada um. O processo de reduzir os outros itens também vai variar. Então, não acho que exista uma única resposta correta para a questão do que torna uma pessoa minimalista.

o minimalismo não é um objetivo

Reduzir o número de posses que você tem não é o objetivo em si. Acredito que o minimalismo é um método para os indivíduos poderem descobrir as coisas que são genuinamente importantes para si mesmos. Na verdade, trata-se de um prólogo para criar sua própria história pessoal.

Neste livro, gostaria de compartilhar as coisas às quais me tornei pessoalmente mais conectado ao me tornar minimalista e reduzir o volume dos meus bens materiais.

Gostaria também de falar sobre o minimalismo que vai além dos bens materiais. No mundo de hoje, tudo é tão mais complicado a ponto de o minimalismo, que começou com os objetos, se espalhar também para outas áreas.

O estilo de vida minimalista é uma tentativa de conseguir reduzir coisas que não são essenciais, para que apreciemos as que são realmente valiosas para nós. É uma ideia simples que podemos aplicar a cada aspecto das nossas vidas.

quem é o maior minimalista do mundo?

Há várias opiniões sobre quando o minimalismo começou, quem cunhou o termo e quem pode ter sido o maior minimalista de todos. Não tenho certeza se estas questões importam muito, mas é intrigante pensar nelas.

Acho que Steve Jobs é um exemplo de um perfeito minimalista. Madre Teresa é outro. Dizem que, quando ela morreu, tudo o que deixou foi um *sári* bastante gasto, um cardigã, uma bolsa velha e um par de sandálias surradas. Mahatma Gandhi, um homem sem nenhuma posse, também deixou para trás aposentos muito simples. Pensemos também no filósofo grego Diógenes de Sinope. Dizem que Diógenes possuía só um tecido com o qual se cobria e uma tigela de madeira — e que a quebrou no dia em que viu uma criança camponesa beber com as mãos em concha.

Como você pode ver, o minimalismo existe há um bom tempo. Diógenes pode muito bem ter sido o maior minimalista do mundo — é difícil competir com um pedaço de tecido —, mas não precisamos chegar a tal extremo para experimentar o conforto que o minimalismo pode nos trazer.

danshari e a ascensão do minimalismo moderno

Por volta de 2010, certos conceitos começaram a ganhar espaço no Japão:

1. *Danshari*, a arte de arrumar, descartar e renunciar às suas posses;
2. A "vida simples";
3. Trabalhar e pensar como um nômade.

O livro *A mágica da arrumação*, de Marie Kondo, foi publicado em 2010 e se tornou um sucesso estrondoso; com isso, muitos minimalistas surgiram no Japão. Na minha humilde opinião, algumas coisas também aconteceram para levar a isto:

1. Excesso de informação e de bens materiais;
2. O desenvolvimento de tecnologias e serviços que tornam possível viver sem muitas das coisas que tínhamos no passado;
3. O Grande Terremoto que atingiu o Japão em 2011.

Acredito que esses fatores tenham levado as pessoas a reconsiderar o modo como viviam. Vamos analisar cada um deles.

muita informação com a qual lidar

Em primeiro lugar, existe um *excesso de informação e de bens materiais*. Para o bem ou para o mal, a globalização se tornou o alicerce da nossa sociedade. Tudo o que temos de fazer é dar uma olhada em nossos celulares para acessar notícias de todos os cantos do mundo. Podemos comprar on-line qualquer coisa que quisermos, em qualquer lugar do mundo. Podemos assistir a programas de TV de qualquer país e ouvir programas de rádio do exterior.

É quase como se todos os meus amigos tivessem se tornado ensaístas ou repórteres de gastronomia, ou talvez correspondentes internacionais, quando penso em toda a informação que me mandam de onde quer que estejam pelo Twitter, Facebook etc. E não são só os amigos; você pode usar as mídias sociais para desfrutar de um fluxo infinito de conteúdo sendo postado por pessoas espalhadas por todo o mundo.

Segundo dados de 2014[1], a cada minuto os usuários sobem 306 horas de conteúdo de vídeo no YouTube, publicam 433 mil tweets no Twitter e fazem download de cinquenta mil aplicativos na App Store. A informação que temos disponível na ponta de nossos dedos aumenta em ritmo assombroso. Ouvi em algum lugar que a quantidade de informação que um habitante do Japão recebe em um único dia é o equivalente àquela que alguém que vivia no período Edo[2] recebia em um ano, para não dizer em toda a sua vida.

---

1   "In an Internet Minute — 2013 vs. 2014", *Tech Spartan*, acessada em 7 de outubro de 2016 em <http://www.techspartan.co.uk/features/internet-minute-2013-vs-2014-infographic/>.

2   Um dos mais importantes períodos da história japonesa, que foi de 1603 a 1868.

o ser humano é como um hardware de cinquenta mil anos

Também ouvi, em algum lugar, que humanos são como peças de um hardware que não mudou nos últimos cinquenta mil anos. Pense em todas as mudanças que ocorreram desde o início do período Edo, há quatro séculos, e então considere o fato de que estamos lidando com tudo isso com um cérebro que tem cinquenta mil anos.

Nenhuma empresa como a Apple vai aparecer um dia com uma superinovação embaixo do braço e nos dizer: "Reconsideramos todas as características dos seres humanos e, graças a isso, criamos um novo design. Nosso cérebro consegue funcionar 30% mais rápido do que a antiga versão, e nossa capacidade de memória dobrou. Nossa altura aumentou três centímetros, enquanto nosso peso diminuiu dois quilos. Senhoras e senhores, o momento pelo qual todos aguardavam... Apresentamos o 'iHumano2'."

Sem fazer um upgrade desses, estamos fadados a ficar preso ao nosso antigo hardware com muito mais informação e muito mais coisas armazenadas.

Nosso espaço limitado de HD é consumido com o modo como as pessoas nos veem e nos julgam, e é usado em grande parte para perseguir coisas e administrá-las. Nós nos voltamos para todo tipo de entretenimento em busca de alívio temporário, em busca de uma sensação de paz.

Depois de um tempo, até isso se torna uma tarefa muito opressiva e começamos a procurar distrações mais fáceis e supérfluas, como jogos de celular, fofocas e álcool. Posso afirmar isso porque era exatamente o que costumava fazer.

eu era como um computador lento, que ficava rodando em círculos

Costumava ser aquele computador no qual você vê o ícone de carregamento rodando na tela pelo que parece uma verdadeira eternidade. Eu recebia dados até as orelhas e, mesmo se quisesse tentar alguma coisa nova, havia tanta tarefa para ser feita ao mesmo tempo que provavelmente iria surtar. Acredito que seja por isso que só conseguia realizar tarefas insignificantes naquela época.

Dizem que cerca de sessenta mil pensamentos diferentes passam pela cabeça de uma pessoa no decorrer de um único dia; 99% dessas considerações são compostas pelas mesmas coisas que pensamos no dia anterior, e acredita-se que 80% das reflexões que fazemos sejam negativas.

Na minha época de maximalista, vivia com medo do futuro, preocupado o tempo todo com minha carreira e em como os outros me viam. Esqueça-se daqueles 80% que mencionei há pouco — praticamente todos os meus pensamentos eram negativos.

Então, como é possível fazer um computador antigo funcionar bem? Já que nosso hardware de cinquenta mil anos não vai mudar, precisamos nos livrar de tudo o que não é necessário. Em vez de tentar adicionar mais e mais, acabando com nosso espaço em disco e nos exaurindo no processo, é hora de começarmos a pensar em subtrair e refinar para alcançar o que realmente importa e que está enterrado lá no fundo, embaixo de todo o excesso.

podemos fazer qualquer coisa com nossos smartphones

A segunda coisa que quero pontuar é que, graças aos avanços das tecnologias e dos serviços, conseguimos realmente viver sem muitas coisas.

A invenção do smartphone significa que levamos conosco um celular, uma câmera fotográfica, uma TV, um dispositivo de áudio, um console de game, um relógio, um calendário, uma lanterna, um mapa e até mesmo um caderno de anotações, tudo em um pequeno retângulo. Sem contar uma bússola, os horários do trem, dicionário, catálogo de compras, cartão de crédito ou débito e até uma passagem aérea.

Acho que a invenção do smartphone pavimentou o caminho para os minimalistas que vemos ao nosso redor hoje em dia. Por mais que um minimalista jogue suas coisas fora, em geral, o smartphone é um dos últimos itens a desaparecer (se é que isso vai acontecer), porque é óbvio que serve para muitas funções.

mais tecnologia nos ajuda a minimizar

Sempre tive um ávido interesse por fotografia — nunca ia a lugar algum sem uma máquina fotográfica compacta na bolsa. Com isso, os negativos e as fotos impressas que tinha tomavam um espaço considerável no meu armário.

Quando comecei meu *danshari*, meu scanner foi absolutamente indispensável no processo. Digitalizei todos os meus negativos e as fotos impressas antes de jogar tudo fora. Também consegui digitalizar e me livrar de cartas que guardava desde o jardim de infância, além de revistas das quais eu simplesmente não conseguia me livrar.

Meu scanner me permitiu dizer adeus para uma quantidade enorme de arquivos e fotos, e ainda possibilitou criar arquivos de dados de maneira rápida e fácil, guardando tudo no meu computador.

Provavelmente, há várias pessoas que só escutam música em seus smartphones ou iPods. Eu tenho um MacBook Air, que pode ser usado para assistir a filmes, ouvir música ou ler livros. Embora não tenha mais uma TV, posso visitar sites das redes de televisão e escolher programas que queira assistir. Posso conferir meu e-mail em qualquer lugar pela minha conta do Gmail, e posso trabalhar onde quer que esteja guardando meus arquivos em serviços de armazenamento em nuvem, como Dropbox. A infraestrutura de wi-fi e as conexões Bluetooth reduziram o emaranhado de cabos, e reuniões podem ser feitas por Skype ou Zoom. Vivemos em um mundo maravilhoso, no qual podemos trabalhar sem nunca precisar de um escritório físico.

a expansão da cultura de compartilhamento

A tecnologia minimalista também expandiu para incluir os serviços. Moro em Tóquio, onde o trânsito é sempre um pesadelo e o sistema de transporte público é bem confiável, então não há necessidade de possuir um carro. O compartilhamento de veículos é bom o bastante para mim. É econômico: você não tem que pagar os impostos por ter um carro, não precisa se preocupar com manutenção e é uma alternativa mais amigável para o meio ambiente. Não tenho dúvidas de que veremos mais desta tendência no futuro, mesmo fora das cidades.

Vemos crescer uma nova cultura de compartilhamento em relação aos nossos espaços também. Dessa realidade nasceram serviços como o Couchsurfing e o Airbnb, que nos permitem alugar nossas casas e apartamentos para viajantes de todo o mundo. A internet tornou possível oferecermos nossos recursos para pessoas que precisam desses espaços e receber recursos delas em troca.

o perigo físico das nossas posses

Por fim, o Grande Terremoto no Japão, em 2011, não só afetou nosso sentido de valor, mas acho que incitou uma grande mudança em como olhamos nossas posses.

Mai Yururi é uma artista cuja série de ensaios humorísticos *Watashi no uchi niwa nanimo nai* (Não há nada na minha casa) se tornou um grande sucesso. Eu era uma das muitas pessoas que ficou chocado ao ver as fotos da casa austera de Mai. Ela recebeu o apelido de *Sute-hentai* (Maluca obcecada por jogar coisas fora). Uma cena em seu livro me impressionou muito: todas as posses que ela e sua família tinham guardado em casa com tanto carinho foram transformadas em armas mortais quando aconteceu o terremoto. Seus objetos mais queridos foram levados pelo tsunami. Tudo foi destruído.

Dizem que o terremoto de 2011 foi tão grande que só acontece uma vez a cada mil anos. Lembro-me de ouvir alguém dizer que a história do Japão, do ano zero até o 2000, seria o equivalente a vinte senhoras vivendo até os cem anos. Se aquele terremoto realmente era um acontecimento único a cada mil anos, significa que duas daquelas vinte senhoras foram afetadas. É uma taxa alta ou baixa?

Considerando o aumento da sobrecarga de informação, o avanço da tecnologia e o aumento da ocorrência de desastres naturais mortais, não posso deixar de me perguntar se a ascensão do minimalismo nos últimos anos não teria sido inevitável. O minimalismo tinha de nascer, não como uma simples ideia no calor do momento ou um desejo de um novo estilo de vida, mas de um desejo ardente e da necessidade de repensar nossas vidas.

capítulo 2

por que acumulamos tanto?

eu tinha tudo o que queria

Antes, não percebia que já tinha tudo o que precisava para viver uma vida decente. Eu continuava querendo mais e nunca estava satisfeito. Em geral, pensamos que nossa realidade está tão distante do nosso estilo de vida ideal que devemos ter sofrido algum tipo de desgraça pelo caminho. Mas tudo o que isso faz é nos deixar infelizes.

Olhava meu apartamento e suspirava. "Não tenho um sofá de couro bonito, ou uma sala espaçosa, e não tenho um terraço grande onde possa fazer churrasco. Não tenho um apartamento de luxo que me ofereça uma bela vista da cidade". Não tinha nenhuma das coisas que achava que sempre desejara. Acontece que o oposto era completamente verdadeiro: já tinha tudo o que queria. Deixe-me explicar.

Veja nossos empregos, por exemplo. Trabalhamos em uma empresa na qual, em determinado momento, quisemos trabalhar. Passamos por um processo de seleção e fomos aceitos. Talvez não fosse a nossa primeira escolha ou a área que realmente queríamos, mas precisávamos de um trabalho. E como sempre há aquela sensação incômoda de que, no fundo, talvez tenhamos nos acomodado, é impossível não reclamar do trabalho ou do chefe. É impossível não se perguntar como seria mudar de carreira.

Mas vale a pena lembrar que, durante um tempo, nós realmente queríamos trabalhar naquele lugar. Pode ser que a cultura da empresa não seja o que esperávamos. Talvez nosso chefe seja um verdadeiro pesadelo, ou pior, toda a administração da companhia seja corrupta. Mesmo assim, nós mandamos nosso currículo e fomos para a entrevista não porque tínhamos de fazer isso, mas porque quisemos.

Neste sentido, nosso desejo de trabalhar naquela empresa se tornou realidade. Provavelmente ficamos felizes, mesmo que por um tempo, ao receber aquela oferta de trabalho.

O mesmo pode ser dito sobre onde moramos. Morei no meu antigo apartamento por dez anos. Foi uma bela barganha que encontrei depois de procurar e procurar, e ainda consigo lembrar a alegria que senti quando me mudei.

Estava localizado em uma área na qual há muito tempo queria morar; eu estava tomado por um sentimento de ansiedade pela nova vida prestes a começar. Mas, conforme os anos se passaram, comecei a notar como o apartamento era pequeno e antigo, e minha insatisfação começou a aumentar gradualmente. Por que me sentia tão infeliz quando meu desejo prévio de viver ali tinha sido realizado?

O mesmo vale para nossos pertences. Veja nossas roupas, por exemplo. Era normal que eu sentisse que não tinha nada decente para vestir. Passava meus dias de folga fazendo compras e voltava para casa cansado, mas feliz por ter encontrado algo do qual gostara (mesmo que talvez tivesse usado meu cartão de crédito para exagerar um pouco). Então, fazia um desfile de moda diante do espelho. Sentia-me feliz e orgulhoso no dia seguinte, com minhas roupas novas. Certamente, passei por isso com todas as minhas roupas, mas por que depois olhava para o meu armário e suspirava, pensando que não tinha nada bonito para vestir?

Quando olhamos as coisas dessa forma, percebemos que muitos dos nossos desejos já foram realizados. Então, por que não nos sentimos satisfeitos? Por que nos tornamos infelizes?

nós nos acostumamos às coisas

Na verdade, sabemos a resposta para essa pergunta. Com o tempo, nos acostumamos ao novo estado no qual nossos desejos foram realizados. Começamos a considerar essas conquistas como certas, chegando o momento em que nos cansamos do que temos.

É provável que toda pessoa fique feliz quando coloca um vestido novo pela primeira vez. Mas, na quinta vez, ela já se acostumou com aquela roupa e se sente menos animada ao vesti-la. A grandiosidade da aquisição começa a diminuir com o uso, transforman-do-se em tédio, conforme o item perde aquela pitada de excitação.

Esse é o padrão para tudo o que existe em nossas vidas. Não importa o quanto desejamos algumas coisas, com o tempo, elas se tornam parte normal de nosso cotidiano e, então, o objeto velho e gasto tende a nos aborrecer, mesmo que em algum momento tenha sido tão desejado. E, com isso, acabamos nos sentindo comple-tamente infelizes.

Em outras palavras, podemos continuar nos sentindo felizes se mantivermos aquela sensação de alegria quando realizamos nosso desejo. Se pudéssemos nos satisfazer com o que já temos, não precisaríamos conti-nuar comprando mais e melhores coisas. Então, por que não conseguimos evitar o tédio com as coisas que se tornaram familiares?

por que continuamos comprando coisas novas?

Nosso tédio com aquisições que já são familiares surge de determinados aspectos das redes neurais — são elas que nos permitem detectar variações em diferentes formas de estímulo.

Por exemplo, imagine o mar no outono. A época da praia no verão já passou faz tempo, mas de repente você tem vontade de fazer algo impulsivo e corre até a água descalço. A água gelada o faz gritar. Isso acontece porque suas redes neurais reconheceram a diferença entre as temperaturas da areia e da água. Mas, se continuar na água, você vai se acostumar gradualmente à nova temperatura, até que pare de incomodá-lo. Você pode até dizer para si mesmo: "Talvez não estivesse tão fria quanto pensei".

É a mesma situação para uma pessoa que dorme no sofá, assistindo alguma coisa na televisão. Ela acorda no momento que você desliga o aparelho e reclama: "Ei, eu estava assistindo." Embora seja muito mais relaxante ficar com a TV desligada, essa pessoa se acostumou com o brilho da tela e com o ruído constante enquanto dorme e, imediatamente, reconhece quando o estímulo é removido.

Variações ou mudanças são necessárias para que as pessoas reconheçam o estímulo. É por isso que frequentemente nos sentimos infelizes depois que possuímos um objeto por um tempo. Embora, no início, tenhamos desejado aquilo, nosso cérebro reconhece uma falta de variação quando nos acostumamos com a posse. A novidade do estímulo desaparece, e o objeto se torna parte de nossas vidas. Sem essa variação, com o tempo, ficamos enjoados e cansados daquilo.

O poder desse efeito tende a deturpar tudo. Pode fazer com que, por exemplo, as roupas que vimos em uma loja e que queremos ter, com o tempo, se tornem terrivelmente feias, o que nos levará a reclamar que não temos nada dentro do armário para vestir. Pode nos fazer esquecer a alegria que costumávamos ter no trabalho. Uma pessoa pode fazer um tratamento estético, ficar cansada da melhora e continuar fazendo mais e mais procedimentos.

O rosto de uma criança pode se iluminar com um brinquedo novo. Mas, com o tempo, ficará entediada e, talvez, o brinquedo precise se tornar cada vez mais caro. Talvez um carrinho de brinquedo se torne um carro de passeio quando a criança crescer, depois um automóvel de luxo, depois uma garagem cheia com uma linha de veículos de luxo.

Você já se perguntou por que pessoas ricas têm tantos bens e, mesmo assim, continuam comprando coisas novas? Assim como nós, elas se cansam de ter os mesmos objetos, não importando quão caros e dispendiosos aqueles objetos pareçam.

por que Keisuke Honda está inconsolável depois da derrota na copa do mundo?

Há uma complicação nesse dilema da familiaridade que vale a pena ser mencionado: só a pessoa em questão vai ser afetada. O brinquedo caro e o carro de passeio podem parecer perfeitos para os demais, mas seus proprietários ainda estarão infelizes e cansados deles.

Isso acontece porque a variação de estímulo só pode ser sentida internamente.

Vejamos o exemplo de Keisuke Honda, famoso jogador de futebol japonês que sofreu uma derrota esmagadora na Copa do Mundo da FIFA. Digamos que ele estivesse sentado no vestiário, totalmente deprimido devido ao resultado do jogo. Eu poderia me aproximar dele, colocar a mão em seu ombro e dizer: "Tudo bem, você perdeu a partida, mas e daí? Anime-se. Você ainda vai receber centenas de milhões e vai sair por aí dirigindo sua Ferrari. Você pode se aposentar neste exato instante e viajar pelo mundo, e tenho certeza de que não teria problema algum em conseguir um belo emprego como treinador. Você não tem preocupações em relação ao futuro, certo? Compare-se comigo. Então, anime-se".

De nenhum modo ele se animaria com comentários como estes, certo? Só é possível fazer comparações com seu próprio nível de estímulo: não dá para notar as variações dos estímulos das vivências dos outros. Em seu nível, Honda não teria ficado feliz até ganhar uma partida.

a alegria da vitória só dura três horas?

Sabemos que as pessoas se acostumam aos estímulos com muita rapidez. Em uma entrevista depois do torneio de Wimbledon, em 1992, Andre Agassi, jogador de tênis que já fora o número um do mundo, disse que aprendeu algo que poucas pessoas percebem: a alegria da vitória não é nem de perto tão forte quanto o desespero de experimentar a derrota, e aqueles sentimentos felizes depois da vitória são fugazes se comparados ao tempo que se sofre com uma derrota.

Tal Ben-Shahar, um popular professor de psicologia positiva de Harvard, tornou-se campeão nacional de squash em Israel aos dezesseis anos. Seus cinco anos de treinos diários de seis horas compensaram. Mas assim que chegou em casa após a cerimônia da vitória, percebeu que a alegria tinha desaparecido, deixando no lugar uma sensação de vazio. Ele falou para as pessoas que a alegria só durara três horas.

Só algumas pessoas chegam a experimentar a alegria monumental de uma realização tão grande quanto essa. Mesmo assim, até essas poucas pessoas rapidamente se acostumam com a sensação de contentamento.

Bill Gates pode fazer seis refeições em um único dia?

Infelizmente, não importa se você compra um anel que custa 100, 500 ou 3 mil reais, o nível de felicidade sentido é basicamente o mesmo. Não é provável que você se sinta cinco vezes mais feliz quando compra um anel de 500 reais quando comparado a um que custa 100 reais. Seu sorriso não será cinco vezes maior e você também não vai ficar cinco vezes mais feliz. Embora não haja limite nos preços dos objetos, há limites para nossas emoções.

Se um anel de 500 reais realmente trouxesse cinco vezes mais alegria do que um de 100 reais, dinheiro e posses garantiriam felicidade duradoura. Mas não importa o quão rico você se torne, não importa quantas coisas você possua, a alegria por todas as suas aquisições não será muito diferente de como você se sente agora.

Há limites emocionais para a sensação de felicidade que somos capazes de experimentar quando obtemos algo pela primeira vez.

Na mesma forma, também temos limitações físicas. Mesmo se você se tornar tão rico quanto Bill Gates, o tamanho de seu estômago não vai mudar. Você não pode fazer seis refeições fabulosas em um dia só porque se tornou Bill Gates. (Bem, você pode, mas certamente não se sentirá duas vezes mais feliz do que se tivesse feito três refeições por dia.)

Ficar rico não significa o recebimento de um bônus especial que faz seus dias terem 25 horas em vez de 24 horas.

as funções de um Apple Watch de 20 mil reais

A mesma coisa pode ser dita para as funções dos objetos. Um carro esportivo de 100 mil reais não terá dez vezes a velocidade de um carro compacto de 10 mil reais e, de qualquer jeito, a lei não permitiria tal velocidade. Um Apple Watch de 20 mil reais não terá cinquenta vezes o tempo de bateria que um Apple Watch de quatrocentos reais, e também não terá cinquenta vezes a sua velocidade de processamento.

Se a funcionalidade dos produtos aumentasse de acordo com seus preços, se carros caros pudessem nos levar aonde quiséssemos com o dobro ou triplo da velocidade ou se uma jaqueta que custasse o dobro da que temos agora oferecesse dupla proteção contra o frio, dinheiro e objetos poderiam fazer a todos nós muito felizes. Mas, infelizmente, não é o caso.

não dá para prever seus sentimentos futuros

Esta é outra pergunta que me faço às vezes. Quando adquirimos alguma coisa, sabemos que com o tempo ficaremos cansados dela. Então, não deveríamos chegar a um ponto no qual percebemos que não faz sentido adquirir algo novo? Por que nunca nos cansamos deste ciclo? Por que continuamos a aumentar nosso estoque de coisas? Acho que a resposta deve ser: porque usamos o presente como base para prever nossas emoções futuras. Embora talvez sejamos a única forma de vida com habilidade de imaginar o futuro, nossas predições estão longe de serem certeiras.

Você já foi ao supermercado com fome e acabou comprando mais do que precisava? Já pediu comida demais em um restaurante quando se sentou à mesa faminto? Seu estado presente de fome o fez calcular mal seus sentimentos depois que começar a comer. Não conseguimos sequer antecipar nosso estado de fome nos próximos trinta minutos.

Muitos já tiveram ressacas terríveis uma vez ou outra, e acho que todos juram nunca mais beber tanto assim novamente, enquanto as cabeças latejavam. Mas, assim que a dor de cabeça se torna uma lembrança distante, provavelmente não sou o único que se deixou levar novamente por aquelas sedutoras, mas perigosas bebidas.

É difícil imaginarmos os prazeres de se sentar diante de uma lareira quando o dia está quente e úmido. Também é difícil imaginar o conforto refrescante de um ar-condicionado quando estamos em uma gélida noite de inverno. Ou, para usar o exemplo de Daniel Gilbert no livro *O que nos faz felizes*, os jovens fazem uma tatuagem do personagem Deathlock porque acham que vão gostar daquilo para sempre. Embora desfrutemos de tais experiências (talvez o exemplo de Deathlock não seja universal), tendemos a considerar nosso futuro com base em nosso presente.

a alegria de vestir uma jaqueta pela décima vez

O que isso significa quando se refere aos nossos próprios pertences? Vamos voltar ao exemplo das roupas. Vamos às compras: enfim encontramos a jaqueta que queríamos e ficamos tão felizes que sequer nos preocupamos com o preço que está na etiqueta. É fantástica, não importa como a vemos, em especial quando comparada com a jaqueta velha que usamos agora. Pagamos por ela, levamos para casa e sentimos a mesma sensação de contentamento quando a vestimos e paramos diante do espelho.

O ruim é que, embora possamos imaginar com facilidade como será bom usá-la pela primeira vez, somos incapazes de imaginar como vamos nos sentir quando a vestirmos pela décima vez ou quando a colocarmos um ano depois de comprada.

É ainda mais difícil prever com exatidão como nossos sentimentos vão mudar desde a alegria inicial quando a compramos até a familiaridade e, mais tarde, ao sentimento de tédio. No início, quando não tínhamos a jaqueta, parecia que a alegria simplesmente duraria para sempre.

Vamos parar por um instante, agora que tratamos de vários motivos pelos quais naturalmente colecionamos coisas, para conectar todos os pontos. Temos tudo o que achávamos que queríamos no passado. Tudo ao nosso redor é um item que foi genuinamente desejado em um momento ou outro.

Mas, independentemente do nível do nosso desejo na época, nos acostumamos com estes objetos e, em certo momento, acabamos perdendo o interesse. E, então, desenvolvemos um desejo de ter outra coisa — um estímulo diferente, algo mais caro e com maior impacto. Queremos mais estímulo e continuamos a adquirir mais e mais.

Mesmo que nossos pertences pareçam suficientes para outras pessoas, nossa própria percepção é a que importa; você é o único que pode criar essas mudanças de estímulo.

Um carro de passeio que custe 10 mil reais pode satisfazer a necessidade de alguém, mas seu dono ainda ficará infeliz depois de comprá-lo.

E, embora, você trabalhe duro para criar esta variação ao adquirir o próximo item, a sensação de felicidade que sentirá não será muito diferente da que está sentindo agora. Há limites na quantidade de felicidade que é possível sentir, e um objeto caro não vai torná-lo mais feliz. Um anel de 500 reais não trará cinco vezes mais felicidade do que um de 100 reais.

Assim como sua felicidade não é igual ao preço de um objeto que você compra, o mesmo vale para as funções desse objeto. Uma jaqueta que custe o dobro do preço da que você já tem não vai oferecer o dobro de calor, por exemplo. Sua insatisfação continua e a busca apenas segue outro rumo. Você sabe que vai se acostumar à próxima coisa e ficar cansado dela também, mas não pode deixar de prever o futuro com base em seus sentimentos presentes.

Ao ficar preso nesse *looping*, o número de suas posses continua a crescer. Você sabe que nunca ficará plenamente satisfeito, mas continua achando que, desta vez, a sensação de felicidade será verdadeira. Tal é a mecânica da infelicidade, e ela existe, não importa o quanto você gaste ou o quanto tenha.

da função pré-histórica ao valor moderno

Há outra razão ainda mais profunda pela qual acumulamos tanta coisa em nossas vidas. Há muito tempo, as pessoas usavam objetos feitos de pedra. Embora pareçam primitivas hoje para nós, essas ferramentas eram inovações engenhosas que ofereciam funcionalidades fabulosas.

Ferramentas de pedra economizavam tempo e energia do ser humano. Embora possa levar um dia inteiro para criar um único instrumento de pedra, ele tornava mais fácil e mais rápido encontrar e preparar a comida dos dias seguintes. E uma vez que a ferramenta era criada, não eram necessários esforços adicionais para se conseguir mantê-la. Por isso elas se transformaram em necessidades.

Objetos de barro também eram criados por motivos puramente funcionais. Sem os luxos modernos, como supermercados e lojas de conveniência que temos hoje em dia, os primeiros humanos nunca sabiam como, quando ou se a comida estaria disponível. Não havia nada que pudessem fazer na ocorrência de um desastre natural, então sequer tinham certeza do que aconteceria no momento seguinte. Por isso, decidiram estocar as sobras de comida e, portanto, os objetos de barro se tornaram uma necessidade.

Com o tempo, mais e mais objetos que possuímos passaram a ser usados para propósitos que vão além de suas funcionalidades. Com frequência, gastamos muito dinheiro e esforço para manter esses objetos, que não são como as ferramentas de pedra que nossos ancestrais usavam e que serviam com fidelidade ao propósito de seus proprietários. Esses objetos começaram a se virar contra nós e acabaram governando nossas vidas sem que percebêssemos.

Por que possuímos tantas coisas quando, na verdade, não as usamos? Qual é o real propósito delas em nossas vidas? Acho que a resposta é bem clara: estamos desesperados para transmitir nosso próprio valor para os outros. Usamos objetos para dizer para os demais o quão valiosos somos.

temos um aplicativo instalado que reconhece a solidão

Vamos examinar isso do princípio novamente. Nós evoluímos como animais sociais. Comparados com animais maiores, nossa força física não é muito admirável e não temos garras ou dentes afiados. Provavelmente, nenhuma pessoa jamais caçou um mamute gigante de mãos vazias. Então, a fim de sobreviver, tivemos que trabalhar em bandos.

Essa mentalidade de bando ainda está presente em nós hoje em dia. É como se tivéssemos um aplicativo pré-instalado que reconhece a solidão e faz com que nos sintamos solitários quando estamos separados do nosso bando. Esse aplicativo é como um dispositivo de alerta que nos diz para voltar e nos juntar aos demais quando estamos sozinhos. E, infelizmente, não podemos removê-lo: ele está instalado por padrão e não pode ser apagado.

a solidão de gatos e cães

Você já parou para pensar nas diferenças que existem entre gatos e cães? Embora um gato possa ficar em casa sozinho e perfeitamente confortável, esse não é o caso dos cachorros. Deixe um cachorro sozinho por um período longo e ele, provavelmente, vai começar a latir ou a andar em círculos perto da porta. Sabe-se que cães que ficam sozinhos por muito tempo podem sofrer de depressão. Infelizmente, somos mais como cães do que como gatos. Somos projetados para agir em bando e evitar a solidão.

Como animais sociais, sentimos a necessidade de ter valor para a sociedade. Somos incapazes de viver sem sentir que há algum significado em nossa existência por meio do reconhecimento ou aprovação dos demais.

Um dos principais motivos pelos quais ficamos deprimidos ou pensamos em cometer suicídio é que nos convencemos da falta de valor da nossa existência. Dizem que há um milhão de pessoas no Japão que sofrem de depressão e mais de 25 mil cometem suicídio a cada ano. Quando consideramos que aproximadamente vinte mil pessoas foram vítimas do Grande Terremoto de 2011, uma catástrofe de grandes proporções que, acredita-se, ocorre a cada mil anos, é preciso perguntar por que um número tão grande de pessoas decide tirar a própria vida ano após ano.

Para mim, é um sinal claro de como é forte o desejo humano de reafirmar o seu próprio valor. Acho que se aproxima muito de desejos psicológicos, como nosso apetite e nosso desejo de dormir — e permeia todos os aspectos do nosso comportamento. As pessoas não conseguem continuar vivendo neste mundo se não acreditam no próprio valor. É indispensável uma pequena quantidade de autoestima e narcisismo para continuarmos a viver.

Alguns podem dizer: "Cabe a nós determinar nosso próprio valor", e eu concordo com essa frase em certa medida. Mas, se estamos completamente sozinhos e nunca encontramos alguém nem nos conectamos com outras pessoas, não há como reafirmarmos nosso próprio valor. Acho que não importa o quanto alguém possa parecer um lobo solitário, há algum nível de desejo no íntimo dessa pessoa de ter outro alguém — quem quer que seja — que lhe dedique sua atenção. Como cães, não conseguimos suportar a solidão absoluta. A menos que possamos nos ver refletidos na perspectiva de outra pessoa, não é possível que realmente saibamos qual é o nosso valor.

nossa autoestima guia nosso comportamento

Você pode achar que estou exagerando, mas acredito que a autoestima está na base de quase todas as nossas ações. Ficamos satisfeitos quando alguém "curte" alguma publicação que postamos nas redes sociais. Ficamos felizes quando alguém nos segue. Quando reconhecem nosso valor.

Ficamos muito felizes quando somos amados por alguém. É fantástico quando a pessoa que amamos — aquela que sentimos ter o maior valor para nós — nos reconhece. E ficamos muito chateados se ela nos trai, se ela partilha esse amor com mais alguém.

"Você é uma pessoa horrível! Quem você encontrou que é melhor do que eu?", podemos gritar para nosso parceiro quando somos abandonados. "Espero que valha a pena".

Ou talvez você seja rico e queira ter certeza de que as pessoas saibam disso. Tem um motorista que abre a porta do carro para você descer, enquanto se sente importante, usando óculos de sol, joias de ouro e intimidando os demais enquanto é seguido por seus subordinados. "Abram caminho. Sou importante".

Esse também é o caso quando dizemos para alguém que somos inúteis. Esperamos que nos digam: "Não, você não é. Você é valioso." Às vezes, criticamos outras pessoas, ofendendo-as para afirmar nosso próprio valor no processo. Esta também é uma das razões pela qual escrevi este livro. Embora não seja minha única motivação, quero provar para mim mesmo que há algum tipo de valor na minha existência.

Como animais sociais que somos, não podemos viver sem pensar que temos valor. Não podemos fazer nada sem uma dose razoável de narcisismo. Então, não é uma coisa ruim achar que somos valiosos. Na verdade, é necessário. O problema está em como expressamos nosso valor para os outros.

expressando nossa autoestima

As pessoas têm qualidades de diferentes tipos. Algumas podem ser notadas imediatamente a partir da aparência. Talvez você seja magro ou atraente, ou talvez seja alto, musculoso, bonito, ande na moda ou tenha uma aparência fantástica. As aparências externas são fáceis de ser percebidas; qualquer um pode entender a mensagem em um único olhar. Mas não importa quanto polimos a superfície, há um limite do que podemos fazer. Eu nunca vou parecer um modelo.

Também há outras formas de qualidades dentro de nós. Podemos ser gentis, generosos, engraçados, trabalhadores, sinceros, alegres, conscientes, espertos, pensativos ou corajosos.

Mas esses tipos de qualidade são difíceis de expressar para as outras pessoas. Talvez alguém que pareça ser gentil não seja tão confiável quando encaramos uma emergência. Talvez alguém que pareça inteligente e interessante na verdade seja bem egoísta. A menos que passemos algum tempo com outra pessoa, em geral é difícil enxergar seu verdadeiro valor.

É aí que nossos pertences entram em jogo. Podemos usar objetos para comunicar nossa personalidade e nossos valores.

Roupas são um bom exemplo. Uma roupa de rockstar vai mostrar que não temos medo de ser diferentes, enquanto um estilo mais neutro vai expressar uma personalidade gentil e carinhosa. A alta-costura pode destacar nossa sensibilidade vanguardista, enquanto uma roupa casual pode comunicar que somos francos e amistosos.

E se não nos preocupamos muito com a moda e o que vestimos, acabamos expressando a mensagem de que não estamos preocupados com as aparências. Um bom gosto em decoração, uma coleção de antiguidades preciosas, os pôsteres que penduramos nas paredes do quarto, as plantas que temos enfeitando o jardim — todos esses são objetos que expressam uma sensação dos nossos valores.

Sou fã dos produtos da Apple. Acho a funcionalidade deles excelente. Certa vez que comprei um novo iPhone no dia do lançamento, quis exibi-lo para meus amigos. Eu posso querer abrir meu MacBook Air casualmente na Starbucks. Definitivamente, há uma parte de mim que quer mostrar meu valor como alguém que escolhe produtos da Apple e que aprecia o design e a funcionalidade desses aparelhos.

Acho que esse tipo de desejo é natural e não há nada errado com isso por si só.

quando o que temos se torna quem somos

O problema surge quando compramos coisas apenas para expressar nossas qualidades para as pessoas que nos cercam, e nossa coleção de coisas começa a ficar grande demais.

Quanto mais acumulamos pertences e quanto mais nos esforçamos para construir uma coleção que comunique às outras pessoas as nossas qualidades, mais nossas posses se tornam as qualidades que adotamos. Em outras palavras, o que temos acaba se tornando aquilo que nós somos.

Nosso objetivo se torna aumentar nossos pertences, já que isso equivale a elevar nossa autoestima. Como resultado, acabamos gastando uma quantidade enorme de tempo e energia para manter e administrar todos esses itens que acumulamos. Quando achamos que essas coisas são equivalentes a nossas próprias qualidades e começamos a acreditar que elas são, de fato, o que nós somos, nosso objetivo número um se tornará a manutenção e administração dessas coisas.

acreditava que minhas estantes de livros eram um mostruário da minha personalidade

Aqui está um exemplo da minha vida. Eu costumava ter livros empilhados em estantes que ocupavam todo o espaço do estreito corredor da minha casa. Mesmo assim, mal conseguia me lembrar de ter lido algum deles. Nenhum deles se tornou parte de mim. Na época da faculdade, era ansioso para ler livros que parecessem desafiadores. Mas, na maioria das vezes, só os folheava uma vez sem ler nada de verdade. Tinha livros de filosofia moderna e obras-primas do século vinte — obras literárias muito extensas — que nunca terminei de ler.

Agora está claro para mim por que eu mantinha aqueles livros jogados por toda parte e nunca me livrava deles, embora soubesse que jamais iria lê-los. Estava desesperado para expressar meu valor por meio dos meus livros. Eles estavam ali para comunicar uma mensagem:

> Já li muitos livros até hoje. Como qualquer um que olhe para minhas estantes pode ver, meus interesses são diversos e sou muito inquisitivo. Sei tudo sobre esses diferentes assuntos, ainda que só de nome. Embora ainda não tenha lido todos estes livros, definitivamente tenho interesses nessas áreas — claro que tenho, é por isso que os livros estão aí na estante. Posso não entender tudo o que é discutido neles, mas li volumes imensos, incluindo uma gama de publicações sobre questões complexas. Não sou muito tagarela e posso parecer um cara comum, simples, mas por dentro sou

repleto de todo esse conhecimento incrível. Talvez possa ser descrito como um intelectual com profundidade.

Por mais embaraçoso que seja admitir, isso resume o motivo pelo qual eu tinha pilhas de livros espalhadas por meu apartamento. Acumulava títulos diferentes na tentativa de mostrar meu valor pelo volume de livros que possuía.

O mesmo pode ser dito da minha montanha de CDs e DVDs. E também das minhas antiguidades, das fotografias sofisticadas que decoravam as paredes, da minha louça e da coleção de câmeras fotográficas. Quase nunca usei nada dessas coisas.

Eu tinha tantas coisas que não conseguia cuidar direito de nenhuma delas. Por causa de todos os objetos, era difícil limpar o apartamento, e a bagunça constante em casa drenava minha confiança e a vontade de fazer qualquer coisa. E fugia para o álcool a fim de evitar admitir isso para mim mesmo. Que idiota fui.

quando nossas ferramentas se tornam nossos mestres

Antes de passarmos para o próximo capítulo, vamos dar uma olhada no quadro inteiro. Supostamente, nossas posses deveriam ser nossas ferramentas. Elas eram usadas para esse propósito na Idade da Pedra. Conforme o tempo passou, nosso mundo se tornou abundante, e os objetos começaram a ser usados para outro propósito: para nos permitir afirmar nosso próprio valor.

Somos animais sociais que agem em bando; não conseguimos prosperar sem demonstrar que nossa existência tem valor. Precisamos que os outros reconheçam nossas qualidades para que acreditemos que nossa vida vale a pena ser vivida.

Para mostrar esse valor, comunicamos nossas qualidades por meio dos nossos pertences. Mas quando nos tornamos muito dependentes deste método, acabamos cercados por posses demais. Os objetos que supostamente representam nossas qualidades se tornam nossas qualidades. Então, começamos a colecionar mais coisas porque sentimos que ganhamos mais substância dessa forma.

Com o tempo, todas essas coisas se voltam contra nós, tornamo-nos escravos dos nossos pertences, forçados a gastar tempo e energia cuidando deles. Nós nos perdemos em nossas posses. Nossas ferramentas se tornam nossos mestres.

Os objetos em si não têm poder. Somos nós que os elevamos à posição de se tornarem iguais ou maiores do que nós mesmos, mas, na verdade, eles não passam de objetos. Eles não nos simbolizam nem são nossos mestres. Os objetos costumavam ser ferramentas simples. Então, por que não pensamos em manter apenas as coisas das quais realmente precisamos?

No próximo capítulo, gostaria de falar sobre métodos específicos para nos desfazer dos nossos pertences. Tenho certeza de que a maioria de nós acumulou tanta coisa que está pronta para se perder entre suas posses. Acredito que você acha que vale a pena a tentativa de se distanciar de todas essas coisas, pelo menos uma vez na vida.

Prepare-se para dizer adeus a todas as coisas que o detiveram até agora.

capítulo 3

55 dicas para ajudá-lo a dizer adeus para o excesso de coisas

1. livre-se do preconceito de que você não pode se desfazer de suas coisas

Não existe esse papo de que a natureza de algumas pessoas não permite que elas descartem seus objetos. Apenas acreditamos que somos incapazes de fazer isso. O termo usado na psicologia para explicar a situação é "desamparo aprendido".

Embora tenhamos a habilidade de nos livrar das coisas, desistimos de tentar porque experimentamos muitos fracassos. Mas somos capazes de nos desfazer dos nossos pertences, só precisamos ficar cientes dos motivos pelos quais não conseguimos fazer isso até agora. É simplesmente uma questão de inexperiência. Você está acostumado a manter suas coisas.

Eu costumava ter um apartamento imundo, mas agora vivo em um espaço minimalista. Não passei por uma mudança de personalidade, apenas aprendi as técnicas e desenvolvi um hábito de me livrar dos excessos.

2. livrar-se de alguma coisa exige habilidade

Do mesmo modo que você não acorda de manhã e descobre que, de repente, é fluente em francês se nunca estudou o idioma, não dá para se tornar um mestre no *danshari* ou na arte de arrumar a bagunça e se livrar dela do dia para a noite. Eu já joguei muita coisa fora, mas levei mais de cinco anos para fazer isso. (É possível fazer com mais rapidez.)

O ato de descartar as coisas em si não leva tempo. No primeiro dia, você joga fora o lixo. No segundo dia, vende os livros e CDs. No terceiro, os equipamentos eletrônicos. No quarto, os móveis maiores, ou os leva para doação. Na verdade, uma semana é o tempo necessário para reduzir seus objetos, não importa quanta coisa você tenha. Não é o ato em si que leva tempo, mas a decisão. Da mesma forma que suas habilidades em uma língua estrangeira vão melhorar com a prática, o mesmo acontecerá com o ato de se livrar de coisas. Quanto mais fizer isso, menos tempo levará para decidir e mais fácil será dizer adeus para suas coisas. É, na verdade, uma habilidade.

3. quando descarta alguma coisa, você ganha mais do que perde

Embora pareça que ao reduzir suas posses você está perdendo alguma coisa, é melhor redefinir sua mentalidade sobre esse ponto. Há mais ganhos do que você imagina ao eliminar o excesso: tempo, espaço, liberdade e energia, por exemplo. Entrarei em mais detalhes no capítulo 4, mas deixe-me dizer agora que a lista de coisas que você ganha é realmente ilimitada.

É difícil não se apegar a algo que se está prestes a jogar fora porque aquilo está bem na sua frente. E o potencial ganho desta ação não é visível, então é difícil percebê-lo. Mas confie em mim: há, na verdade, mais ganho do que perda. Em vez de pensar sobre a perda de tudo o que você descartou, direcione sua atenção para as coisas que está ganhando.

4. pergunte a si mesmo por que não consegue abrir mão de suas coisas

É provável que não haja muita gente que decidiu reduzir de repente seu número de posses e se tornar minimalista da noite para o dia. Como já comentei, o ato de descartar coisas é uma habilidade. No começo, é difícil colocar seus pertences em um saco de lixo ou colocá-los à venda. Eu ainda tenho muita coisa das quais não consigo me desprender. Mas isso não é algo para se envergonhar. E não é necessário se livrar de tudo de uma vez. Acho que é importante pensar sobre o motivo pelo qual há coisas das quais não conseguimos abrir mão.

Leve um minuto para se concentrar de verdade em cada item do qual você não consegue se desapegar e pergunte a si mesmo o motivo. É por que é caro? É por que você se sente culpado por jogar fora? Tem vergonha de nunca ter conseguido dar um bom uso para aquilo? Você se sente mal pela pessoa que deu aquilo para você? Sente como se estivesse jogando fora uma lembrança carinhosa ligada àquele objeto? É sua vaidade que o impede de se livrar de alguma coisa? Ou é só mais fácil deixar aquilo onde está?

Não se preocupe se não conseguir se livrar de suas posses de uma só vez. O importante é se perguntar por que está relutante em se livrar de alguns de seus pertences. Você pode se surpreender com as respostas.

5. minimizar é difícil, mas não é impossível

O filósofo holandês Baruch Spinoza observou que, quando as pessoas dizem que algo é impossível, elas já decidiram que não vão fazer aquilo. Embora possamos ter um desejo sincero de nos livrar de todas as coisas excessivas, nossa sensação de conforto por tê-las pode ser mais forte.

Não devemos racionalizar esse conforto, dizendo que não podemos nos livrar de alguns itens porque são cheios de lembranças ou porque foram dados por um amigo querido. Sim, essas razões podem muito bem existir, mas o motivo principal é que simplesmente dá muito trabalho se desfazer das coisas.

Tendemos a preferir o caminho de menor resistência. Descartar alguma coisa exige esforço e deixá-la como está é definitivamente a escolha mais fácil. Mas se continuamos a adiar o trabalho de minimizar, com o tempo, acabaremos cercados por excessos.

Se realmente deseja viver como um minimalista, você precisa fazer desse desejo sua prioridade.

6. há limites para a capacidade do seu cérebro, para sua energia e seu tempo

Eu costumava ter várias contas bancárias e um monte de cartões de banco enchendo minha carteira. Embora fossem cartões finos, que não ocupam muito espaço físico, eles consumiam muita memória disponível em meu cérebro. Quanto tinha em cada conta? Quando devia sacar os fundos de cada uma delas? E se eu perdesse um cartão e alguém o usasse? Ir à polícia e fazer um boletim de ocorrência ocuparia muito do meu tempo.

Com nosso cérebro-hardware de cinquenta mil anos de idade, não temos espaço para desperdiçar tempo ou energia com esses cartõezinhos ou com nenhuma de nossas posses extras. É mais inteligente limpar nosso sistema e apagar todos os dados desnecessários de modo que fiquemos livres para funcionar com eficiência e felicidade.

7. descarte alguma coisa agora mesmo

Talvez você pense que vai arrumar as coisas assim que terminar o projeto no qual está trabalhando. Ou pode dizer a si mesmo que fará isso algum dia, quando as coisas se acalmarem. Mas sabemos que, enquanto formos governados por nossas velhas posses, esse dia nunca chegará.

Achamos que não podemos nos tornar minimalistas até que nossa vida se acalme. Na verdade, é o contrário: não seremos capazes de nos acalmar até levarmos uma vida minimalista. Todo aquele tempo do qual precisamos desesperadamente está a nosso alcance, mas temos de criá-lo para nós mesmos ao dizer adeus para todas as nossas coisas extras. É por isso que é uma boa ideia começar agora. Fazer disso a maior prioridade.

Descartar coisas pode exigir alguma habilidade, mas você não tem que aperfeiçoar essa habilidade antes de começar a agir. Não espere até terminar de ler este livro. A melhor forma de aprimorar sua habilidade é se livrar de suas posses. Por que você não fechar este livro agora mesmo e descartar alguma coisa?

Se esperar até ter tempo, você nunca terá tempo. Este é o primeiro passo, agora mesmo, na direção de uma vida minimalista.

8. não há nada que você lamentará jogar fora

Desde a época do meu velho apartamento bagunçado, acho que reduzi minhas posses para 5% do que costumava ter. Isso equivale a 950 itens, se você tinha mil. E sabe de uma coisa? Não há um único objeto do qual eu sinta falta. Mesmo se essa sensação existiu na época, já não me lembro mais dele. Para ver o quão insignificante todas aquelas coisas eram para mim. Não há realmente um único item sobre o qual eu pense ou pelo qual me arrependa.

Parece-me que o medo do arrependimento nos impede de dizer adeus. É certamente compreensível: temos esses tipos de medos. Mas se está pensando que pode precisar daquela jaqueta guardada no fundo do seu armário há uma década ou daquelas conchas marinhas que pegou na praia quando era criança, vá em frente e diga a si mesmo que provavelmente não há um único item que vá lamentar jogar fora.

9. comece com coisas que claramente são lixo

A melhor maneira de se acostumar a descartar itens é tornar isso um hábito. Vamos dizer que você quer criar o hábito de correr todas as manhãs. Um jeito eficiente de colocar isso em prática é tentar chegar à porta de sua casa no primeiro dia. O objetivo para o segundo dia é fazer isso e calçar os tênis de corrida. Você vai adicionando pequenas conquistas até alcançar um objetivo maior. Ichiro Suzuki, um dos melhores jogadores de beisebol do Japão e dos Estados Unidos, afirmou que o acúmulo de pequenas conquistas é o único modo de realizar algo incrível. O mesmo se aplica a jogar coisas fora. Talvez você comece jogando fora alguns chinelos estragados. No dia seguinte, pode se livrar de algumas botas velhas com buracos nas solas. Você se sente audaz e joga aquela capa de chuva embolorada no dia seguinte. Pouco a pouco, aumenta suas conquistas.

Mas, antes de chegarmos a isso, um bom primeiro passo é começar com aquilo que qualquer um vai considerar lixo. Jogue fora latas vazias ou embalagens de alimentos que não estão sendo usadas. Verifique sua geladeira e se livre de tudo o que estiver vencido. Descarte roupas furadas. Jogue fora eletrodomésticos quebrados. Comece limpando coisas que claramente se tornaram lixo.

10. reduza tudo o que tiver repetido

É fácil minimizar coisas que você tem em maior quantidade. Vá em frente, dê uma olhada. Você tem três tesouras? Tem um monte de canetas esferográficas sem uso? Duas canetas para caligrafia? É normal perdermos a conta de quantos itens iguais temos porque não temos um lugar específico para guardá-los. Em geral, é assim que começamos a encher de objetos nosso espaço. E, quanto mais tem, mais difícil é saber o que você tem.

Se possui três tesouras, pode começar jogando fora uma delas. É fácil escolher qual: aquela de que gosta menos ou aquela que não usa. Você ainda vai conseguir cortar se tiver uma tesoura a menos. Ainda dá para escrever com menos canetas.

Tente reduzir qualquer coisa repetida, até ficar só com uma.

11. livre-se daquilo que não usou em um ano

Um método essencial para reduzir suas posses é descartar coisas que não foram usadas em um ano. Você também deve se livrar de coisas que não pensa em usar no futuro. Não precisa jogar fora aquele cobertor ou aquela jaqueta que vai ser útil quando o inverno chegar. O mesmo vale para as roupas de banho, que sempre são usadas no verão.

Mas se você não usou alguma coisa nas últimas quatro estações, é provável que não precise dela no futuro. As únicas exceções devem ser equipamentos e suprimentos para emergências.

A poeira não é agradável, e é um sinal de que talvez seja hora de pensar em jogar algo fora. Quanto maior a camada de pó que uma coisa tem, menos usamos essa coisa. Um item que não foi usado no último ano provavelmente não se tornará necessário nos anos seguintes. E se há algo que você costuma usar a cada três anos, por que não alugar quando precisar daquilo? Vamos liberar todo o tempo e energia que gastamos quando mantemos coisas que nunca usamos.

12. descarte tudo o que você tem para manter a aparência

Como falei no capítulo 2, é normal tentarmos usar objetos para mostrar nosso valor. Então, você pode perguntar a si mesmo se possui alguma coisa porque realmente gosta ou se é para refletir qualidades que deseja destacar.

Claro que todos nos preocupamos com o modo como os outros nos veem. É bom se apresentar como alguém que tem um estilo de vida incrível, cercado por itens de cozinha elegantes, belos móveis, um carro estiloso ou um relógio caro. Ou talvez você queira transparecer a imagem de uma pessoa criativa, cercada por objetos de arte e instrumentos musicais. Todo mundo supera as expectativas para projetar uma imagem desejada.

Mas os objetos dos quais realmente gostamos são os que usamos com frequência e que não exigem muito esforço para manter. E, embora as armadilhas de um estilo de vida bem-sucedida sejam tentadoras, você consegue deixar para trás as coisas que guarda só com o intuito de se exibir para os outros.

13. diferencie as coisas que você quer das coisas de que precisa

Veja um exemplo exagerado. Você está escalando uma montanha, mas não está bem equipado. Usa roupas finas, não sabe nada sobre o ambiente em questão e se perde. A temperatura cai, começa a chover e você está tremendo de frio. Desesperado, você encontra uma pequena cabana onde pode se abrigar e aquecer o corpo gelado com um cobertor. O cobertor é um item do qual você verdadeiramente precisa.

Nas nossas vidas cotidianas, no entanto, um vasto inventário de bens está disponível para venda a uma pequena distância. São ofertas dos últimos aparelhos eletrônicos, de complementos e acessórios com estilo, belas roupas de alta-costura e tudo o que possamos querer. Um simples cobertor quente é o bastante quando estamos perdidos na montanha, mas, em casa, é provável que queiramos um segundo cobertor, de uma bela cor, e depois um terceiro, com mais qualidade, melhor textura e mais luxuoso.

Você pode evitar comprar mais coisas simplesmente se perguntando se aquilo é algo de que realmente precisa. O monge budista Ryunosuke Koike diz que coloca a mão no peito quando não tem certeza sobre um objeto e que se sente desconfortável se aquilo é algo que simplesmente quer. Esse desconforto é um sintoma de insatisfação, da crença equivocada de que há algo faltando em sua vida, mesmo que ele já tenha tudo do que precisa.

14. tire foto dos objetos dos quais é difícil se livrar

Pode me chamar de sentimental, mas gosto de tirar fotos das coisas das quais estou prestes a me livrar para amenizar o golpe. Isso é algo que ainda faço de tempos em tempos — outro dia mesmo tirei uma foto de um antigo cortador de unhas, antes de me livrar dele. Você provavelmente está se perguntando o que faço com essas imagens. Acho que jamais olhei para elas. Eu fotografo para preservar as lembranças que estão associadas àqueles pertences.

Acho que jogar fora seus bens materiais e jogar fora suas lembranças são duas ações completamente diferentes. Enquanto tiver as imagens, você será capaz de relembrar a sua experiência. Uma obra de arte que seu filho fez na escola, um *souvenir* de uma viagem ou um presente que alguém lhe deu — tire fotos de tudo isso e será mais fácil jogar tais coisas fora se sentir que não consegue fazê-lo. Posso dizer por experiência própria que é muito improvável que você volte a olhar para aquelas imagens. Tirei milhares de fotos e acho que estou quase pronto para apagá-las. Quando fizer, saberei que isso significa que comecei a ficar mais concentrado no presente. Até que chegue o dia em que eu consiga me livrar de coisas desnecessárias sem pensar duas vezes, acho que continuarei a fotografá-las.

15. é mais fácil revisitar suas memórias quando elas são digitais

Como fã da fotografia analógica, não consigo relatar quanto dinheiro gastei em rolos de filmes e revelações. Sempre tinha minha câmera compacta favorita dentro da bolsa e amava tirar fotos, mas nem sempre era muito bom em organizar o material depois. As fotos reveladas e os negativos eram enfiados de qualquer jeito em sacolas, e depois era impossível dizer quando tinham sido tiradas. Eu guardava tudo no armário, e tirar aquilo de lá era um problema.

Assim que decidi virar minimalista, digitalizei todas as minhas fotos no ScanSnap, assim como as cartas que recebi de pessoas ao longo dos anos. Agora é fácil vê-las em meu computador se tenho vontade, e — com as datas e lugares incluídos nos nomes das pastas — os materiais fazem sentido cronologicamente. Ao salvar tudo na nuvem, posso acessar meus preciosos álbuns de qualquer lugar em que eu estiver no mundo.

16. nossos objetos são como colegas de quarto, só que pagamos o aluguel deles

No Japão, dizem que uma pessoa precisa de meio tatame para se sentar e um tatame inteiro (cerca de um metro e meio quadrado) para dormir. Esse é, na verdade, todo espaço de que precisamos para sobreviver. Se acrescentarmos um colega de quarto, isso significa que só precisaremos de espaço suficiente para mais um tatame. Neste sentido, o aluguel não aumentaria muito se um amigo fosse morar com você.

Mas, quer alguém more conosco ou não, todos temos um colega de quarto. Nós o chamamos de "nossas coisas". E o espaço de que ele precisa é muito maior do que o meio tatame ou o tatame inteiro que descrevi.

Gostaríamos de viver em uma bela e espaçosa casa. Mas, quando pensamos realmente nisso, só querermos que "nossas coisas" vivam em um ambiente confortável. E o que ganhamos em retorno? "Nossas coisas" não vão contribuir em nada com o aluguel e não vão nos ajudar a cuidar dos deveres da casa. Em vez disso, vão nos dar trabalho extra. Realmente queremos continuar a pagar aluguel por elas? É mais inteligente expulsá-las.

17. organizar não é minimizar

Nós, japoneses, temos costume de fazer uma grande faxina em casa no final do ano. Jogamos algumas coisas no lixo, limpamos o que está largado por aí, colocamos tudo fora da vista. Tentamos aproveitar os espaços não utilizados para guardar nossos pertences para que não fiquem no caminho, enquanto vivemos nossos cotidianos. Mas, conforme o tempo passa, nos ocupamos com outras atividades e, naturalmente, voltamos a bagunçar tudo um ano depois. A menos que sejamos muito meticulosos, vamos acabar neste ciclo vicioso ano após ano. Isso acontece porque organizar não é minimizar.

Em vez de confiar em técnicas de organização, você deveria, antes de tudo, se concentrar em reduzir a quantidade de itens para jogar fora. Assim que fizer isso, seu espaço ficará naturalmente menos bagunçado e o ciclo será quebrado. Tenho tão poucos itens no meu apartamento que eles simplesmente não ficam bagunçados. O conceito de bagunça não faz mais parte da minha vida.

18. ataque o ninho (os armários) antes da praga (a bagunça)

Eis um grande conselho para jogar as coisas fora. Em geral, limpamos os armários aos poucos, reduzimos a bagunça e, no final, jogamos fora os armários em si.

Mas vamos parar um momento e pensar sobre como nos livramos das pragas domésticas. Nós matamos os insetos um a um e, depois desse tedioso processo, vamos atrás do ninho? Claro que não: as pragas vão se multiplicar mais rápido do que as eliminamos.

O mesmo pode ser dito para os ninhos que chamamos de armários. Mesmo se limparmos esses locais completamente, com o tempo, vamos começar a enchê-los de novo. Então, o método mais eficaz para a limpeza é se livrar do ninho.

Se livrar dos armários? Consigo sentir seu ceticismo daqui. Nossas posses vão ficar espalhadas por toda a casa se não tivermos um local adequado para guardá-las. Vão acabar amontoadas em pilhas pelos cantos. Felizmente, a maioria de nós não aguenta uma visão dessas e vai se sentir obrigado a fazer algo a respeito — como começar a jogar coisas fora. Quando nossos pertences não tiverem mais um lar confortável, serão apenas como aqueles insetos pestilentos sem um ninho e, com o tempo, vão começar a desaparecer.

19. deixe vazio seu espaço inutilizado

Quando falamos de organização do lar, o conceito de espaço "inutilizado" se torna importante. Vemos uma área onde não colocamos nada e pensamos nela como espaço "inutilizado". Claro que colocamos nossas várias habilidades em ação para tentar preencher o vazio.

Vamos supor que colocamos a máquina de lavar roupa em um lugar designado em casa e depois notamos que acima dela há espaço inutilizado. Se considerarmos o tamanho limitado dos apartamentos em Tóquio, vamos tentar fazer um uso eficiente do que temos. Então, certamente vamos colocar uma prateleira sobre a máquina, em que podemos guardar toalhas, sabão para lavar roupa, detergente, amaciante, e assim por diante.

Mas é claro que não acaba por aí. Também colocamos uma barra que vai de um lado ao outro da parede para pendurar cabides e nos regozijamos do engenhoso espaço que criamos para colocar coisas. Na verdade, esse é um passo para trás no sentido de diminuir a desordem e viver com conforto. Assim que tivermos espaço extra para colocar algum objeto, inevitavelmente começaremos a guardar coisas extras. Os itens naquela barra ficarão amontoados com o tempo.

Um armário lotado com nossos pertences é como um vagão de trem lotado de gente. Não é um espetáculo agradável e, para devolvê-lo ao seu estado original, exige mais tempo e esforço do que pensamos. É o espaço aberto, vazio, que nos traz paz mental. Embora nosso cérebro possa pensar naquilo como espaço inutilizado, essas áreas abertas são incrivelmente úteis. Elas nos trazem uma sensação de liberdade e mantêm nossas mentes abertas para coisas mais importantes na vida.

20. abandone a ideia de "algum dia"

Sempre que compramos um aparelho elétrico, ele vem com um monte de acessórios. Pense em todas as partes que você jamais usou do aspirador de pó. Para que serve aquele bocal menorzinho mesmo? Você guarda todas aquelas partes e cabos porque acha que pode precisar daquilo "algum dia". Não sei quanto a você, mas nunca cheguei a usar uma garantia. Elas vão direto para a lata do lixo.

Sempre pensamos em "algum dia". Guardamos latas de biscoitos vazias ou belas sacolas de papel, pensando que podem ser úteis algum dia. Guardamos os livros dos nossos cursos de idiomas porque vamos voltar a estudar em dado momento. Assim que as coisas se acalmarem, vamos precisar daqueles itens e ferramentas do hobby preferido. "Algum dia." É o que repetimos a nós mesmos. Mas agora já sabemos que esse dia provavelmente nunca chegará. Posso fazer uma pequena sugestão? Abandone a ideia do "algum dia". As coisas das quais não precisamos agora certamente não serão necessárias jamais.

21. diga adeus para quem você costumava ser

Quando descartamos alguma coisa, é importante considerar se é algo de que você precisa neste momento. Do mesmo modo que tentar se preparar para o "algum dia no futuro" é fútil, prender-se a algo que você costumava ser no passado também é.

Os livros que costumava usar na escola, as obras que abriram seus olhos para o mundo quando criança, a roupa favorita que um dia o fez brilhar... Lembranças maravilhosas, mas você não terá espaço para se desenvolver se estiver apegado demais ao passado. É melhor cortar alguns destes laços para poder se concentrar no que é importante hoje.

Prender-se a objetos do passado é o mesmo que se apegar à velha imagem de si mesmo. Se estiver minimamente interessado em mudar algo em si mesmo, sugiro que tenha coragem e deixe coisas de lado. Mantenha somente os itens dos quais precisa para seguir adiante neste exato momento.

22. descarte as coisas das quais já se esqueceu

Acho que o ideal minimalista é alguém que consegue fazer um inventário de cada item que possui. Se todas as nossas posses são coisas necessárias, que usamos com regularidade, deveríamos ser capazes de nos lembrar delas, certo? Em outras palavras, se nos esquecemos de que elas existem, é bem óbvio que não precisamos delas.

Quando você vasculha seu apartamento em busca de coisas para descartar, há momentos em que encontra alguma coisa e diz: "Nossa, eu tenho isso?". É provável que existam roupas enfiadas no fundo de sua cômoda ou em algum esconderijo do seu armário.

Ou você pode pensar: "Sim, eu me lembro de comprar isso". E então vai começar a se perguntar se aquelas peças antigas combinam com seu guarda-roupa atual... Mas espere um minuto. Você conseguiu viver sem aquilo todo esse tempo. Essas roupas não estariam enterradas onde você as encontrou se fossem peças das quais precisa.

Você não vai precisar daquelas tranqueiras que caem no espaço estreito entre a TV e a parede. Se fossem importantes, teria procurado desesperadamente por elas.

Você tem caixas ainda sem abrir desde que se mudou para sua casa atual? Caixas cheias de coisas das quais não se lembra certamente podem ser descartadas sem pensar duas vezes. Vá em frente, abra cada uma delas e olhe, se não tiver certeza. Mas não se esqueça do que acabamos de conversar.

23. não fique criativo na hora de jogar coisas fora

Quando não queremos nos separar de alguma coisa, ficamos incrivelmente criativos. Por exemplo, você pode parar e dizer para si mesmo: "Esta lata de biscoito vazia pode parecer ser inútil, mas espere... E se eu a usasse para guardar meus remédios?".

"Eu realmente deveria dizer adeus para esta bolsa velha... Mas, ei! Poderia usá-la para guardar minhas sacolas de papel."

"Esta garrafa de perfume é bonita, mas já passou da hora de ir para o lixo. Ah, espere aí... Acabo de ter uma ideia esplêndida. Qualquer dia desses, passo numa loja e compro os fios de que preciso para pendurá-la como uma bela luminária".

O mais provável é que a bela luminária que você imaginou jamais exista. A maior parte desses pensamentos são ideias desesperadas que aparecem em nossas mentes porque não queremos nos livrar dos pertences antigos. Nunca somos mais criativos do que quando estamos tentando jogar algo fora. Não importa o quão fantásticas essas ideias pareçam, provavelmente é mais inteligente fazer o possível para ignorá-las.

24. deixe de lado a ideia de recuperar seu dinheiro

Um dos motivos pelos quais tendemos a pensar que é um desperdício descartar alguma coisa é que o item pode ter sido caro quando o compramos. Em algum lugar, no fundo de nossas mentes, pensamos que não conseguimos recuperar o dinheiro gasto naquilo ainda. Mas a verdade é que é provável que isso nunca aconteça.

Você pode ter uma roupa da cor e do estilo que adora, mas seu tamanho não é exatamente aquele. Ainda é uma peça nova, e você não a usou o suficiente para justificar o preço que pagou. Claro que é difícil jogar fora algo assim.

Mas o que realmente está acontecendo é que essa coisa está ocupando espaço em sua casa e em sua mente. Toda vez que olha para ela, não deixa de pensar que foi um erro comprar algo tão bonito desde o início. Se fosse converter essa carga psicológica em dinheiro, talvez fosse pouco, menos de um real por dia. Mas, sem dúvida, o custo é contínuo.

Quer tenha interesse no mercado de ações, quer não, você provavelmente concorda que é mais inteligente vender ações em queda contínua. O mesmo pode ser dito para o conjunto dos nossos pertences. Temos que nos livrar do conceito de recuperar nosso dinheiro e cessar com isso o mais cedo possível. É mais fácil para suas finanças no longo prazo, sem mencionar que é mais fácil para manter paz de espírito.

25. não é necessário estocar

A maioria de nós estoca papel higiênico, lenços descartáveis e papel-toalha. São suprimentos extras que certamente serão úteis se um dia ficarmos sem — assim não precisaremos sair correndo até o mercado mais próximo. Além disso, às vezes economizamos dinheiro se compramos em quantidade. São artigos de primeira necessidade e certamente serão utilizados, certo?

Mas pense em todo o espaço que isso ocupa no armário. E quanto mais espaço você dá para essas coisas, mais espaço elas tomam, até que chega ao ponto em que já nem sabe mais quanto tem estocado.

Vamos dizer que você fez uma parada na farmácia no caminho do trabalho para casa e viu cotonetes em promoção. "Será que tenho cotonetes em casa? Ah, estão em promoção hoje, então vou aproveitar e pegar umas caixas", você pensa. E, então, vai para casa e fica surpreso ao descobrir que já tinha cotonetes guardados suficientes para abrir uma farmácia.

Aqui vai uma ideia: mantenha apenas um pacote extra à mão. E não o reponha. Quando ficar sem, compre outro pacote (apenas um) da próxima vez que sair. Não é muito atencioso ter um monte de suprimentos extras só para você, em especial em tempos de crise. Vamos criar o hábito de não estocar mais nada.

26. sentir alegria vai ajudá-lo a manter o foco

Em seu *best-seller* sobre a mágica da arrumação, Marie Kondo criou a frase fundamental sobre a alegria: "O simples método de tocar os objetos e só deixar as coisas que trazem alegria pode ser muito útil".

Coisas que você não ama, mas que custam muito dinheiro, coisas que não conseguiu aproveitar bem e que se transformaram em um fardo, coisas que estão desgastadas pelo uso — nada disso costuma trazer alegria. Esse teste pode ser bem confiável.

Prestar atenção no que lhe traz alegria é um jeito de manter o foco, não no passado ou no futuro, mas no presente. É bem simples e requer um tempo diminuto. Como a lista de coisas que trazem alegria pode ser surpreendentemente alta, as coisas das quais não conseguimos nos livrar sem motivo algum também podem ganhar o caminho até a lata do lixo.

Para jogar os pertences fora, é preciso perguntar: "Este objeto me traz alegria ou não?". Este é um jeito eficiente de se tornar mais consciente dos próprios sentidos.

Conforme minimizamos e nosso foco se fortalece, podemos até ser capazes de ir além da questão da alegria. Voltaremos a esta ideia mais adiante.

27. sites de venda ou leilões são um método rápido de se livrar de suas posses

Experimentei diversos sites de venda para me desfazer de várias das minhas coisas, incluindo roupas praticamente novas, equipamentos elétricos sem uso e minha querida coleção de máquinas fotográficas. Aprendi uma lição importante com uma peça de equipamento fotográfico — uma combinação de reveladora de filme e impressora de fotos — que tinha. Tinha comprado em um leilão por cerca de 150 mil ienes (cerca de 1.500 dólares) — com dinheiro emprestado de um amigo —, mas nunca cheguei a usar. Fiquei com a máquina pensando que, apesar do trabalho que daria colocá-la à venda, poderia receber pelo menos 100 mil ienes (cerca de 1 mil dólares) por ela. No fim, senti uma vontade urgente de me livrar dela e acabei jogando-a no lixo. Esqueci o dinheiro que esperei para receber — depois de todo aquele tempo que deixei o equipamento guardado, acabei tendo que pagar para me livrar dele.

Comecei a usar um serviço de leilão local chamado QuickDo (há outros do tipo espalhados pelo mundo), em que você simplesmente preenche um formulário e eles colocam o item para ser leiloado. O serviço cobra algumas taxas, mas você não precisa se preocupar com as dificuldades da venda ou do envio. É um serviço muito conveniente, que lhe permite se livrar rapidamente de suas coisas, enquanto se diverte assistindo aos lances.

28. use os leilões para olhar suas coisas pela última vez

Consegui me livrar de uma quantidade considerável dos meus pertences por meio de um serviço de leilões local. Claro que também há sites de leilões, como o Yahoo! Leilões, mas eles exigem um pouco de esforço — você tem que tirar fotos de cada item e preencher todas as informações sobre o produto. Sem contar que precisa despachar os itens para seus clientes.

Kouta Itou, acha que esse esforço extra é, na verdade, o que torna os leilões o melhor jeito de se livrar de seus pertences. Kouta costumava estar cercado por seus instrumentos e equipamentos musicais e se livrou de tudo isso.

Ele recomenda essa opção porque o esforço de preparar as fotos e compilar as descrições de suas posses lhe dá a chance de revisitar os sentimentos que teve ao obter tais objetos.

E, então, você também pode pensar nos motivos pelos quais cada item não é mais necessário. A preparação para o leilão leva à reflexão do que cada um daqueles pertences já significou. Kouta disse que é durante este procedimento que ele prometeu nunca mais comprar algo de que não precisava. Dizer adeus para suas coisas em leilões o faz seguir em frente.

29. use um serviço de coleta para se livrar de seus pertences

Empacotar e despachar suas coisas depois de um leilão pode ser um problema. Existe um jeito mais fácil: considere a opção de um serviço de coleta que vai até sua casa pegar suas coisas. Embora não pague tanto quanto você ganharia em um leilão, esse tipo de serviço é muito conveniente. O pessoal vai até sua casa comprar seus bens e você não precisa nem se dar ao trabalho de empacotá-los. Eu sempre uso o site Takakuureru.com, em que é possível vender uma imensa variedade de coisas. Dependendo da sua localização, é claro que você terá outras opções.

São essas as pessoas que vieram ao meu resgate quando quis me livrar de bens de maior porte, como minha televisão. Não sei como é a situação no mundo, mas no Japão você tem que pagar se quiser jogar itens como este no lixo. Eles também compraram meu PS3 e meu equipamento de *home theater*. Um sebo em Jimbocho, Tóquio, veio até aqui buscar minha coleção de mais de mil livros. Embora pudesse ter definido preço para cada livro, aceitei o preço total de 20 mil ienes (cerca de 200 dólares) pelo conjunto todo. É possível minimizar de forma mais meticulosa, mas acho que minimizar o esforço exigido é, em geral, a chave para o sucesso.

30. não se prenda ao preço pago inicialmente

Quando comprei minha TV de plasma de 42 polegadas, acho que paguei algo em torno de 80 mil ienes (cerca de 800 dólares). Vendi por 18 mil ienes (cerca de 180 dólares). Quanto ao equipamento de *home theater*, paguei 40 mil ienes (cerca de 400 dólares) e depois vendi por cinco mil ienes (cerca de 50 dólares). Tenho que admitir que esperava vender esses itens por preços maiores. Estavam em boas condições e só tinham sido usados por três anos. Mas percebi que estava preso a quanto paguei por aqueles produtos. É difícil se livrar de suas posses se você confunde o valor atual com os preços originais.

Um carro novo se torna um carro usado no dia seguinte à compra. Da mesma forma, nossos pertences continuam a perder valor com o passar do tempo. Embora nossa tendência seja a de colocar preços mais altos em nossos bens, devemos pensar objetivamente sobre seu verdadeiro valor quando os oferecemos para outras pessoas. Vamos nos esquecer das estimativas generosas quando pensamos em nossos objetos. Isso tornará mais fácil o processo de se desprender deles.

31. pense nas lojas como seus depósitos pessoais

O escritor Daisuke Yosumi diz que devemos considerar as lojas como nossos depósitos pessoais. Todas as lojas pagam uma boa quantia de dinheiro para garantir espaço visando estocar todo tipo de produto e cuidam de cada item com atenção. Lojas de conveniência estão abertas em quase todas as esquinas. Yosumi sugere que não deveríamos pensar nestes lugares como lojas onde compramos coisas, mas como depósitos aonde vamos quando precisamos de algo.

Não é necessário montar um armazém em casa ou lotar o quartinho da bagunça com um monte de coisas e depois se sentir sufocado. E é um desperdício de dinheiro alugar um depósito. O Japão oferece uma imensa variedade de lojas e tenho certeza de que o mesmo acontece em outros lugares também. Esses lugares são sempre acolhedores e oferecem uma variedade excelente de bens. Muitos desses "depósitos" estão perto de nossas casas, como pessoas esperando para nos receber com um sorriso no rosto. Além disso, pense em todas as lojas on-line — também são imensos depósitos. Com tantos ao nosso redor, por que se incomodar em fazer um deles em nossas casas?

32. a cidade é nosso espaço pessoal

Eu consigo entender a vontade que as pessoas têm de possuir um sofá grande e confortável, no meio de uma sala grande e confortável. Não me importaria em ter algo assim. Mas não acho que precise ficar em nossas casas. Minha "sala de estar" é um restaurante na vizinhança, que tem sofás sempre confortáveis e convidativos, sem mencionar que são limpos e organizados, em que posso me sentar e relaxar pelo tempo que eu quiser. Há outra cafeteria que frequento onde nunca reclamam de quantas horas fico sentado, conversando com meus amigos e tomando um café recém-passado.

Acredite quando falo que não sou um ermitão. Adoro convidar os amigos para uma refeição caseira ou preparar petiscos para uma festa fabulosa. Mas, considerando as poucas vezes que fui o anfitrião de um evento desses, estou disposto a aumentar o número de itens que possuo e fingir não notar todo o espaço que eles vão ocupar na minha casa? É claro que não.

Então, eis o que digo aos meus amigos: "Um jantar? Sim, parece ótimo. Mas não podemos fazer em casa, já que não estou equipado para isso. Mas, escute só, conheço um lugar que serve um jantar incrível, então por que não vamos lá? Podemos tomar uns drinques em casa depois, se quisermos prosseguir a noite."

Quando toda a sua vizinhança é parte do espaço da sua casa, as possibilidades são infinitas.

33. descarte qualquer coisa da qual não possa falar apaixonadamente

Em um de seus livros[1], Daisuke Yosumi escreveu sobre este conceito. Quanto mais você gosta de seus pertences, mais conhecimento tem sobre as respectivas marcas e histórias. As coisas que realmente valorizamos nos causam uma sensação de fascínio.

Por que possuímos determinado produto quando há tantas coisas maravilhosas entre as quais escolher? Deve haver um bom motivo para ser este item em particular.

Um objeto escolhido com paixão representa a perfeição para nós. As coisas que escolhemos sem pensar, no entanto, são firmes candidatas a ir para o lixo ou ser substituídas. Estamos fadados à sensação de menor satisfação com aquilo que acumulamos inconscientemente. Acho que nossas vidas ficam melhores quando nossos pertences nos despertam paixão. Enquanto continuarmos a ter coisas que realmente amamos, é provável que não desejemos mais nada.

---

1   *Jiyuude aritsuzukeru tameni nijuudaide suterubeki gojuuno koto* (50 coisas das quais você precisa se livrar aos 20 anos para ser livre).

34. Caso você perdesse esse objeto, voltaria a comprá-lo?

Uma chave para medir nossa paixão por algo que possuímos é perguntarmos a nós mesmos: "Se eu perdesse isso de alguma forma, pagaria o preço para ter outro?". Se a resposta for "sim", então o objeto é algo que você realmente ama. É uma necessidade para você.

Por outro lado, se não tiver o mínimo interesse em comprar o mesmo item novamente, é claro que há algo no produto de que você desgosta. Talvez o mantenha porque é "bom o bastante". Mas isso não é bom o bastante; diga adeus para coisas que são "mais ou menos".

São as coisas pelas quais está disposto a pagar novamente que lhe trazem satisfação verdadeira.

35. se não consegue se lembrar de quantos presentes você já deu, não se preocupe com os presentes recebidos

É muito difícil descartar presentes. Sentimos culpa em jogar fora algo que alguém nos deu, parece algo sem coração. Mas pare um momento e pense em algo que você deu de presente para outra pessoa. Em geral, não conseguimos nos lembrar tão claramente das coisas que demos quanto das coisas que recebemos.

Nunca perguntaria se alguém está usando algo que lhe dei de presente. E se um dos meus presentes acabou sendo inútil para quem o recebeu, espero que essa pessoa se sinta confortável para se livrar daquilo. A última coisa que quero é que meu presente ocupe espaço em sua casa.

Se você se sente culpado por não usar um presente que tem em casa, é melhor reconhecer isso e se livrar do objeto. Se alguém realmente ficar chateado quando descobrir que jogou fora algo que lhe foi dado no passado, significa que essa pessoa não está preocupada com seu relacionamento no presente. Neste caso, você pode querer se distanciar desse alguém de qualquer jeito. Sei que não ia querer me tornar alguém que só é capaz de expressar sentimentos de amor e amizade por meio de objetos materiais.

36. tente imaginar o que a pessoa falecida teria desejado

Se com presentes é difícil, descartar os pertences de um ente querido que faleceu sempre parece impossível. Ficamos tão preocupados em manter nossas lembranças com aquela pessoa que tendemos a nos apegar a coisas totalmente inúteis. Não me entenda mal: acho que é um sentimento bonito e verdadeiramente humano. Mas imagine que foi você quem faleceu. Você gostaria que as pessoas que ficaram se sentissem confusas ou angustiadas com algo que lhes deixou? Não ia querer que elas vivessem livres e felizes, sem se preocupar com objetos materiais?

O pintor japonês Ryuzaburo Umehara deixou um testamento dizendo que não queria funeral e que ofertas de condolência não seriam aceitas. Ele escreveu que os vivos não deviam se incomodar por causa dos falecidos.

Acho que é mais significativo tentar se lembrar das palavras de um amigo ou de um parente falecido, ou conservar na memória as coisas que eles fizeram por você enquanto estavam vivos, do que perder tempo administrando suas posses.

37. descartar memorabilia não é o mesmo que descartar lembranças

Tatsuya Nakazaki, autor de novelas gráficas e conhecido pela obra *Jimihen*, é uma pessoa meticulosa no que se refere ao minimalismo. Ele escreveu no livro *Motonai otoko* (O homem que não possuía): "Não acho que exista relação entre nosso passado e fotografias, discos e diários. Mesmo se jogarmos fora as fotos e os discos que estão cheios de momentos memoráveis, o passado continua a existir em nossa lembrança. Não acho que seja algo errado jogar fora esses objetos; não é como se jogássemos fora nosso passado. Se nos esquecemos de determinada lembrança, provavelmente é algo que pode ser esquecido, algo desnecessário. Todas as lembranças importantes que temos dentro de nós naturalmente vão permanecer".

As lembranças que temos sem a ajuda de objetos é que são realmente importantes. Ao nos livrarmos de nossos pertences extras, começamos a nos lembrar de coisas importantes do nosso passado sem sermos distraídos por todo o excesso de memorabilia.

38. nossos objetos maiores despertam reações em cadeia

Digamos que deixamos de ter um smartphone para ter dois. Devemos perceber que não adicionamos simplesmente mais um smartphone em nossas vidas. Precisamos comprar uma capinha para o novo aparelho, colocar uma película de proteção na tela, comprar carregador, proteção para os fones de ouvido e, é claro, uma alcinha para transporte. Antes que perceba, você já acumulou cinco novos itens. Coisas tendem a trazer mais coisas.

E se compramos um computador, não há limite para os extras que acabaremos comprando também: uma mesa, impressora, scanner, cartões de memória USB, um HD externo, software de processamento de texto, itens de limpeza e assim por diante. No sentido contrário, seremos capazes de nos livrar de muitos itens assim que nos desfizermos da fonte inicial. Quando vendi minha TV, também fui capaz de me desfazer do meu PS3, do HD para gravação e do equipamento de *home theater* que estava conectado a tudo isso. Todos os cabos e adaptadores, incluindo os plugues da tomada, também se foram. Se conseguirmos coragem para nos livrar das nossas posses maiores, a recompensa será grande.

39. nossas casas não são museus; elas não precisam de coleções

Há pessoas que possuem coleções impressionantes, que valem a pena ser preservadas. Alguns exemplos são Shigeru Kashima, pesquisador de literatura e colecionador de livros franceses antigos, e Shin Sofue, designer que coleciona a obra-prima de Soseki Natsume, *Botchan*, em várias edições. As coleções dessas pessoas são genuinamente inestimáveis e poderiam estar em um museu. Takuro Morinaga, economista conhecido por sua inclinação por carros de brinquedo, parece ter criado um museu para sua coleção.

Mas, no caso da maioria de nós, nossas coleções não são inestimáveis e ainda ocupam muito espaço em casa. As coisas que são realmente valiosas tendem a ser colecionadas por profissionais e devidamente armazenadas por alguém em outro lugar. Seja corajoso em relação às suas coleções. Deixe-as ir. Nossas casas não são museus. Sempre podemos visitar um museu de verdade para ver objetos raros e bonitos.

40. seja social; empreste e pegue coisas emprestadas

Quando li *Watashi no uchi niwa nanimo nai* (Não há nada na minha casa), de Mai Yururi, fiquei surpreso ao ver que ela jogou fora todos os anuários do ensino médio. Não pude deixar de pensar que ela realmente fazia jus ao apelido, *Sute-hentai* (Maluca obcecada por jogar coisas fora), para ser capaz de jogar fora algo tão insubstituível quanto isso. Mas, depois de um tempo, me ocorreu que, já que a maioria das pessoas costuma guardar seus anuários, Yururi simplesmente se desfizera de um item que centenas de seus colegas de classe ainda tinham — não era algo único ou insubstituível.

O apego às coisas também pode ser visto como um desejo de evitar perturbar alguém por algum motivo. Mas o que isso faz é isolá-lo do mundo. Se você tiver um desejo repentino de ver seu velho anuário, tudo o que precisa fazer é entrar em contato com um de seus velhos amigos e pedir que o deixem vê-lo. Embora pareça que você os está incomodando, na verdade, é provável que eles gostem da oportunidade de passar um tempo juntos, se lembrando do passado. Qualquer pessoa que ignore um pedido nostálgico destes não é amigo de verdade. Desde que se lembre de expressar seus sentimentos de gratidão, você não será incômodo algum. O máximo que vai acontecer é que seu relacionamento se fortalecerá.

41. alugue o que pode ser alugado

Hoje em dia é possível alugar on-line uma gama incrível de itens. Se precisar usar algo só uma vez ao ano, pode ser mais prático alugar. Várias lentes objetivas são alugadas durante a época do ano em que as escolas fazem excursões — pense em todos aqueles pais lutando para conseguir o ângulo certo para as melhores fotos de seus filhos em ação. Se você não viaja para o exterior com frequência, talvez seja uma boa alugar sua mala para não ter que achar um lugar para guardá-la depois. Se gosta de organizar os documentos importantes que se acumularam ao longo do ano, você pode alugar um scanner e transformar todos aqueles papéis em PDFs. Também é possível alugar roupas para as crianças usarem em um evento especial, lavadoras de alta pressão para faxinas de maior volume, equipamento de montanhismo ou de mergulho e até mesmo roupas exclusivas que foram desenhadas por um profissional.

Por que não começar alugando algo para testar e depois comprar o objeto se você realmente usar com frequência e for louco por ele? Quando pensamos no trabalho que dá manter a maioria dos itens, os aluguéis podem ser uma solução surpreendentemente prática e econômica.

42. as redes sociais podem aumentar sua motivação para minimizar

Um truque útil para quem quer fazer dieta de perda de peso é contar para todo mundo. Isso também funciona quando está diminuindo suas posses. É fácil encontrar desculpas quando se faz isso sozinho, mas todos nos importamos com o que as outras pessoas pensam de nós — então, por que não usar isso a nosso favor? Por exemplo, você pode usar as redes sociais para contar para as pessoas que está diminuindo sua coleção de roupas pela metade, tornando o processo público. Compartilhar fotos dos itens dos quais se livrou ou do interior do seu guarda-roupa, enquanto ele é gradualmente limpo. Ao contrário de quando faz isso sozinho, você será encorajado por seus amigos, o que vai aumentar sua motivação.

Eu também coloquei fotos do meu apartamento no meu blog e acho que isso ajudou ainda mais a acelerar meu processo de minimização. Há uma tendência atual entre minimalistas de oferecer nas redes sociais itens de que não precisam mais. Isso ajuda a diminuir a culpa de jogar coisas fora e também faz com que você se sinta bem em saber que seus pertences serão úteis para outra pessoa.

43. e se você começar do início?

Em um documentário instigante chamado *My stuff* (Minhas coisas), o protagonista pega todos os seus pertences, coloca-os em um depósito e se permite buscar um objeto por dia. No primeiro dia, ele não tem nada consigo: vai até o depósito usando apenas um jornal para esconder as partes íntimas. Neste dia ele pega um casaco e dorme no chão.

O filme é um experimento para ver o que é realmente importante. Embora possamos não querer ir a um extremo desses, podemos nos imaginar fazendo o experimento. Pergunte a si mesmo quais itens seriam realmente necessários se você começasse sem nada. E se tudo o que você possui fosse roubado? E se tivesse que se mudar na semana que vem, que itens levaria com você? É provável que haja muita coisa amontoada em nossas casas sem motivo aparente. Pense em começar do início e ficará claro quais objetos são essenciais.

44. diga "até logo" antes de dizer adeus

Quando não tem certeza se realmente quer se desfazer de alguma coisa, tente escondê-la por um tempo. Uma técnica que minimalistas usam com frequência é pegar todas as coisas das quais estão pensando em se livrar e colocá-las em uma caixa ou no armário. O truque é colocar os objetos em um lugar onde não ficam normalmente. Eles podem ser colocados em um saco de lixo, assim já estão prontos para serem mandados embora. Mesmo que estejam armazenados assim, não quer dizer que já precisa jogá-los fora.

Se uma semana ou um mês se passarem — o tempo vai depender do tipo de objeto — e você conseguir se virar bem sem aquelas coisas, aí está sua resposta: elas não são necessárias. Se a necessidade de usar algum daqueles itens aparecer durante este período, não precisa se livrar dele.

Ao dizer "até logo" e colocar alguma distância entre você e suas posses, você se permite pensar sobre o verdadeiro significado daquelas coisas. É meio engraçado como nossos relacionamentos com nossos objetos podem ser um pouco parecidos com nosso relacionamento com outras pessoas.

45. descarte tudo o que gerar ruído visual

Os objetos que tenho em casa são brancos, bege, cinza e cor de madeira, agradáveis à vista e com harmonia entre si. O equilíbrio é quebrado quando tenho algo de uma cor neon chamativa ou de uma cor primária que seja ousada demais; o objeto se destaca demais e perturba a atmosfera de paz. Uma embalagem de alvejante, por exemplo, pode ter uma tampa cor-de-rosa e um corpo verde-menta. Materiais de limpeza doméstica em geral são chamativos, provavelmente na tentativa de chamar a atenção das pessoas para seus possíveis riscos.

Em geral, criaturas venenosas são espalhafatosas, enviando sinais visuais para que se afastem delas. Suas cores vivas não pretendem ser relaxantes. Objetos com cores assim entram em seu campo de visão e, portanto, em sua consciência, mesmo que você não esteja prestando atenção neles. Mas itens grandes com cores chamativas vão causar fadiga visual e, depois, tédio. Você não vai se cansar tão rápido de objetos que sejam mais fáceis aos olhos e menos estimulantes, e em geral eles podem ser usados por períodos mais longos.

46. um entra, um sai

Essa é uma das regras de ouro do minimalismo: se quer comprar algo, primeiro se livre de algo. Mesmo no processo de minimizar, você vai precisar comprar coisas novas. Pode começar se livrando de dois ou três itens quando comprar algo novo. Uma vez que ficar apenas com seus pertences essenciais, continue seguindo a regra "um entra, um sai".

No caso das roupas, também é possível predeterminar o número de cabides e se manter dentro daquilo. Você não vai poder aumentar sua coleção de roupas simplesmente porque não terá lugar para pendurar nada novo.

Também vale a pena destacar que esta regra do "um entra, um sai" vale apenas para itens do mesmo tipo. Por exemplo: se compramos um casaco novo, nos livramos de um casaco velho. Não faz sentido comprar um micro-ondas novo e jogar fora uma velha borracha de apagar, certo?

47. evite a falácia do Concorde

Já ouviu falar na expressão "falácia do Concorde"? Dizem que o desenvolvimento do Concorde, um jato supersônico, custou cerca de 4 bilhões de dólares. Os governos britânico e francês continuaram a colocar dinheiro no projeto mesmo quando ficou claro que o jato não seria um sucesso comercial e, com o tempo, aquilo levou a algo em torno de 10 bilhões de dólares em perdas. Mesmo quando sabemos que o resultado não será muito bom, é difícil parar de fazer algo quando consideramos o tempo, esforço e custos que já investimos em seu desenvolvimento.

Isso acontece o tempo todo. Comprei uma bicicleta híbrida para montanha e passeio por apenas 5 mil ienes (cerca de 50 dólares), e a compra despertou meu interesse no ciclismo. Então, saí e comprei um kit completo de ferramentas e comecei a montar e desmontar as peças. Adivinha o que aconteceu? Eu pensava na compra inicial de 5 mil ienes e dizia para mim mesmo: "O que são mais 10 mil ienes (cerca de 100 dólares) quando paguei tão pouco no início?". Acabei gastando mais de dez vezes a quantia inicial paga. Também é possível ver esse efeito quando compramos aqueles acessórios e upgrades para nossos jogos de smartphone. Às vezes, não sabemos quando parar e acabamos desperdiçando muito tempo e dinheiro. Tome cuidado com as coisas que podem levar à falácia do Concorde.

48. seja rápido em admitir os erros, pois eles o ajudam a crescer

Todos já fizemos isso: vamos ao shopping, compramos uma roupa que fica bem em nós na loja, levamos a peça para casa, usamos algumas vezes e depois deixamos no armário. Como ainda não amortizamos o preço pago, é difícil nos desfazer daquilo. Ou, na verdade, nem pensamos na possibilidade. Afinal, ainda é uma roupa nova. Por que cometemos esses erros ao comprar?

Talvez não tenhamos gostado tanto assim da roupa, mas a vendedora era muito gentil. Ou não tinha o caimento perfeito, mas vimos outra pessoa usando e ficava ótimo nela. Talvez estivesse tão barato que pegamos sem pensar. Embora os sinais de alerta já estivessem lá, nós os ignoramos em prol de benefícios aparentes. Eu ainda cometo esse tipo de erro.

Quando cometemos erros de compra desse tipo, é melhor se livrar do objeto o mais rápido possível. Não é saudável passar mais tempo com um item que significa "fracasso". Em vez disso, tente reconhecer seus erros e aprender com eles assim que puder. Assim, nos tornamos mais aptos a fazer escolhas melhores na próxima vez.

49. pense em comprar como alugar

Tenho um amigo que compra muita roupa, mas faz questão de guardar as etiquetas em uma sacola. Ele usa as peças naquela estação e depois as vende em leilão, juntamente com as etiquetas guardadas. Com as etiquetas, ele consegue vender seus bens por um preço melhor, às vezes até mais do que pagou por eles. Esse amigo me diz que considera suas roupas "alugadas das lojas" e, quando chega a hora de devolvê-las, ele as vende para outra pessoa.

Acho que essa é uma ideia intrigante. Quando trata as roupas que compra como se fossem alugadas, você lida com elas com mais cuidado. Então, pode reci-clá-las em melhores condições e não deixará nada ser desperdiçado. Se pensarmos em nossas compras como posses temporárias, conservamos a humildade e podemos apreciá-las melhor.

50. não compre porque é barato; não pegue porque é de graça

Em geral, ao comprar algo que custa 50 reais por 20 reais, as pessoas acham que economizaram 30 reais de seu dinheiro. Como se, na verdade, tivessem recebido 30 reais por comprar aquele produto em particular. Mas nunca pensamos no espaço que precisamos para guardar aquele item em nossas casas. Vamos fazer uma pequena conta aritmética com meu aluguel.

No meu caso, o aluguel mensal do meu apartamento é de 67 mil ienes (cerca de 650 dólares) por vinte metros quadrados, o que representa cerca de 3 mil ienes (mais ou menos 30 dólares) por metro quadrado. Se o item que comprei, no caso citado acima, por 2 mil ienes (cerca de 20 dólares) foi uma cômoda de um metro quadrado, os 3 mil ienes que pensei ter economizado se evaporaram no mesmo instante graças ao espaço ocupado. É perigoso comprar algo só porque é barato.

Mesmo algo grátis pode ser arriscado. Você precisa ficar ciente do objeto que passa a possuir, e esse simples fato exige espaço em nosso cérebro. Também é necessário dedicar tempo e esforço para manter e cuidar de qualquer que seja o bem. Desta forma, o item "grátis" também vai custar. Lembrar-se disso nos ajuda a evitar o acúmulo de muitas coisas só porque estavam baratas ou eram grátis.

51. se não for um "sim, por favor!", então é um "não"

Quando pensamos em descartar alguma coisa, às vezes nos pegamos listando os prós e os contras. Mas considere o seguinte: quando hesitamos dessa maneira é porque achamos que as duas escolhas têm o mesmo peso. Não estamos tentando decidir entre um presente de 10 dólares e um de 100 dólares, por exemplo — estamos decidindo entre 1 dólar e US$ 1,01 dólares.

Se essa é toda a diferença que encaramos, podemos muito bem ser corajosos e dizer adeus ao objeto. Se estiver pensando em reduzir o número das coisas que você possui, então recomendo descartar algo no momento em que começar a se perguntar se deve ou não fazer isso.

Gosto de uma frase que diz: "Se não é um 'sim, por favor!', é um 'não'." Em vez de perguntamos a nós mesmos: "Devo me livrar disso?", podemos considerar: "Se não é um 'sim, por favor!', então é um 'não'." Isso vai nos ajudar a descartar tudo, exceto as coisas das quais não podemos mesmo nos separar. E seremos capazes de administrar isso muito bem.

52. coisas das quais realmente precisamos sempre voltam para nós de algum jeito

A maioria de nós tem medo de nunca mais ver uma determinada coisa depois que a jogamos fora. Mas nunca seremos capazes de nos livrar de nada se começarmos a nos preocupar com ideias desse tipo. Hoje, conseguimos encontrar quase tudo on-line. Um livro que está esgotado e é difícil de achar em sebos pode ser comprado na Amazon.com, e há sites de leilão em que podemos procurar pela maioria dos objetos raros.

O mais provável é que você não sinta tanto a falta de algo a ponto de ficar deprimido ou cheio de arrependimento. E se algo assim realmente acontecer, sempre poderá conseguir essa coisa de novo. Você poderá reler aquele livro que tanto deseja e alguém em algum lugar sempre terá aquele item que você precisa ver de novo. Se sentir tanta falta do objeto a ponto de não conseguir dormir à noite, você sempre pode implorar ao dono atual que o devolva ou então pedir a um vendedor que lhe envie outro. Há bem poucas coisas que ficarão completamente fora de alcance.

53. conserve a gratidão

Nós nos desfazemos de coisas que ganhamos de presente. Desfazemo-nos de coisas que pertenciam a alguém que faleceu. Desfazemo-nos de itens que não aproveitamos. Em todos esses momentos, o sentimento que devemos deixar tomar conta de nós é a gratidão.

Alguém lhe deu algo, mas você não precisa daquilo. Embora não pensemos no assunto, sempre vamos guardar um pequeno ressentimento em algum lugar de nossos corações por causa disso. Mas prender-se a algo, apesar desse ressentimento, é uma falta de respeito com a pessoa que nos deu aquilo e um desperdício de energia.

Acho que é muito mais bonito se concentrar na gratidão em relação à pessoa, enquanto nos despedimos do que ela nos deu. Aquela sensação forte de apreço permanecerá gravada dentro de nós, embora o objeto já tenha partido, e é isso o que realmente importa.

54. descartar coisas pode ser um desperdício, mas a culpa que o impede de minimizar seus bens é o verdadeiro desperdício

Concordo que é um desperdício descartar algo que ainda pode ser utilizado. Não gosto de simplesmente jogar coisas no lixo; tento me livrar das coisas de modo que elas possam ter utilidade para outra pessoa. O real desperdício, no entanto, é o dano psicológico que você ganha ao se apegar às coisas que não usa ou das quais não precisa.

Você se sente culpado quando olha para objetos que alguém lhe deu de presente ou que você comprou, mas nunca usou. São coisas que ainda podem ter utilidade e seria um desperdício jogá-las fora. Mas, ao manter tais itens, você vai garantir que continuará se sentindo desse modo hoje, amanhã e depois de amanhã. Acredito que este seja um verdadeiro desperdício.

55. as coisas para as quais dizemos adeus são as coisas das quais nos lembraremos para sempre

Digitalizei cada carta que já recebi e joguei fora os originais. Entre essas cartas, há uma da qual nunca poderei esquecer. É uma rota de trem que minha mãe escreveu à mão para mim. Deixei minha cidade natal na prefeitura de Kagawa quando me inscrevi na universidade em Tóquio. O guia feito por minha mãe descrevia quais trens eu devia tomar ao chegar ao aeroporto Haneda, para conseguir chegar ao monotrilho e depois pegar a linha Yamanote, na sequência a Seibu Shinjuku, e assim por diante. Não tenho um senso de direção muito bom e não tínhamos smartphones na época. Eu me pergunto como minha mãe se sentiu ao me ver partir para Tóquio.

Esqueci que ainda tinha essa rota de trem escrita à mão; estava enterrada em montanhas de cartas que mantinha guardadas. Foi só quando resolvi jogar tudo fora que percebi como aquilo era valioso para mim. Como sabemos, jogar as coisas fora não quer dizer necessariamente jogar lembranças fora. Na verdade, às vezes o ato de dizer adeus é o que garante que essas memórias permaneçam conosco para sempre.

mais 15 dicas para a próxima etapa da sua jornada minimalista

1. ter menos coisas não significa menos satisfação

O poeta estadunidense Allen Ginsberg observou certa vez que, se você presta duas vezes mais atenção ao seu tapete, isso equivale a ter dois tapetes. O número de posses de que você dispõe não tem relevância no nível de satisfação que terá com elas.

Dizem que ter um bem é saber que você possui algo e estar muito ciente desta propriedade. É assim que nosso cérebro funciona. Ter uma consciência aguda de um pequeno grupo de pertences queridos, em vez de ter uma consciência caótica de uma pilha imensa de posses adequadas, pode dobrar ou triplicar a satisfação que conseguimos com nossas coisas.

Sentimos uma satisfação maior quando possuímos e guardamos com cuidado uma xícara de café insubstituível do que quando temos duas ou três canecas para as quais não damos a mínima. Reduzir o número de objetos que possuímos não reduz nossa satisfação.

2. encontre seu uniforme pessoal

Steve Jobs sempre usava as mesmas roupas: uma camiseta de gola alta preta da marca Issey Miyake, calça jeans Levi's 501 e um par de tênis New Balance, que serviam até como traje para suas apresentações públicas. O fundador do Facebook, Mark Zuckerberg, parece gostar de camiseta cinza. Dizem que Einstein sempre usava o mesmo tipo de paletó. Essas pessoas aproveitavam o tempo que os demais passam escolhendo roupas e indo atrás da moda, e voltavam sua atenção para as coisas que eram mais importantes para elas.

Não precisamos ter um monte de roupas para viver uma vida limpa e confortável. Enquanto outras pessoas podem gostar de variar o visual, há um certo estilo em escolher as mesmas roupas que são perfeitas para nós e usá-las como uma espécie de uniforme pessoal.

Embora alguns possam julgá-lo por usar sempre o mesmo estilo, acho que com o tempo isso se tornará uma coisa do passado. Concordo que a moda pode ser divertida, mas perseguir as marcas pode ser algo excessivo no mundo de hoje.

3. encontramos nossa originalidade quando temos menos

O que você acha que torna alguém único? Ter mechas verdes nos cabelos, usar um anel imenso nos lábios? Um homem usar saia é único? Ou talvez alguém com uma capinha grande e extravagante para o smartphone?

Acho que ser verdadeiramente original não tem nada a ver com qualquer uma dessas coisas. Todos os minimalistas que conheci até agora eram indivíduos únicos e muito descolados, mesmo quando seu uniforme pessoal era formado por roupas muito ortodoxas.

Embora possa parecer que você está perdendo sua individualidade ao se desfazer de seus pertences, a realidade parece ser o oposto. Veja as pessoas que vemos nas fotografias da antiga Europa, por exemplo. Em geral, todos os homens estão usando os mesmos tipos de ternos e chapéus, e todos fumam cigarros com os mesmos tipos de objetos ao seu redor. Mesmo assim, a arte e a literatura que essas pessoas criaram eram incrivelmente originais, para dizer o mínimo.

Se você pensar bem, é a experiência que constrói nossas características únicas, não os objetos materiais. Então talvez seja natural encontrarmos nossa originalidade quando nos livramos de todas as coisas que nos distraem.

4. se já pensou em jogar algo fora, jogue

Nós, humanos, temos cerca de sessenta mil pensamentos em um único dia. Tentei rastrear meus pensamentos certa vez e descobri que eles realmente vão e voltam em todas as direções.

Talvez haja uma xícara na mesa diante de mim, depois que tomei um café. Ainda posso sentir o gosto do café na boca. Toco os lábios, quero escovar os dentes — tudo bem, preciso de uma escova de dentes nova. E, falando em escova de dentes, teve aquilo que aconteceu outro dia, e assim por diante.

Desta forma, nossa consciência é uma cadeia sem fim de pensamentos. Um único pensamento entre os sessenta mil que nos vêm à mente em um dia pode muito bem passar despercebido.

Mesmo se você ainda não chegou à conclusão concreta de descartar algo, há uma grande chance de que tenha pensado a respeito, ainda que brevemente, ao olhar para o objeto. Se esses olhares casuais já aconteceram cinco vezes, quer dizer que está pronto para se livrar daquele item. Esses cinco pensamentos breves logo vão se multiplicar em uma centena, e depois aos milhares, se você não agir.

5. se já desenvolveu suas habilidades minimalistas, pule a etapa do "até logo"

Considere isso um upgrade da dica 44, para aqueles que já estão adiantados no caminho de um estilo de vida minimalista.

Se você não consegue se decidir a respeito de um objeto, sugiro que o descarte. Uma das últimas coisas que descartei foi minha TV e, quando fiz isso, ainda tinha uma certa preocupação. Achei que pudesse ter problemas se não estivesse por dentro dos acontecimentos diários. Eu podia me tornar um pária entre meus amigos se não conseguisse acompanhar suas conversas. Talvez até as criancinhas começassem a tirar sarro de mim se não tivesse ideia do que aconteceu nas comédias da moda. Lembrei a mim mesmo que, se necessário, eu poderia ir correndo até a loja a fim de comprar uma TV nova. Mas sabe do que mais? Nada disso aconteceu.

Só teve um objeto que comprei novamente depois que o deixei partir. Um massageador de pés da marca Omron. Gosto tanto dele que até decorei o número do modelo. Comprei um como presente para minha mãe, e dei para meu irmão aquele que estava usando. Mas acontece que não consegui me esquecer de como era bom ter os pés massageados pelo aparelhinho, então fui e comprei de novo. Mais tarde, senti que já estava pronto para me desfazer dele novamente, fui em frente e o vendi. Se acabar comprando outro pela terceira vez, é provável que fique com ele para sempre.

6. um pequeno inconveniente pode nos fazer mais felizes

Recentemente me livrei de todas as toalhas de banho que tinha em casa e troquei-as por uma única *tenugui*, uma fina toalha de mão japonesa. É incrível. Ela pode ser usada de várias maneiras, e você ficaria surpreso em ver como seca rápido. Eu a uso, deixo-a pendurada, e ela está seca na próxima vez que preciso dela. Uso-a para secar as mãos, os pratos e para secar meu corpo depois do banho. Todas as minhas toalhas antigas costumavam representar cerca de dois terços das roupas que eu tinha para lavar. Sem todas aquelas toalhas macias e fofas — mas também volumosas —, lavar as roupas ficou muito mais fácil.

Como expliquei no capítulo 2, as pessoas tendem a ver variações como estímulos, então as toalhas fofas que usamos todos os dias se tornaram coisas que consideramos garantidas. Claro que uma toalha de banho gigante é muito mais agradável de usar do que uma toalha de mão. Mas, do mesmo jeito que nos acostumamos com essas conveniências, também nos acostumamos às inconveniências. Quando uma *tenugui* se torna um item de uso diário, o raro uso de uma toalha de verdade me traz muito mais prazer. Abaixei a barra que mede minha felicidade simplesmente começando a usar uma *tenugui*. Quando até uma toalha de banho normal consegue fazê-lo feliz, você será capaz de encontrar felicidade em quase todo o resto.

7. descarte mesmo que lhe traga alegria

Se você decidiu se tornar um minimalista, chegará um momento em que terá de se livrar de um ou dois objetos que lhe trazem alegria. No meu caso, sinto uma profunda afeição pela Croácia, uma cruz que comprei durante uma visita ao país era definitivamente algo que fazia meu coração dançar. Era uma cruz de cerâmica, vermelha, enfeitada com um padrão intrincado feito à mão. As cores, a textura suave, o peso confortável — eu amava tudo naquele objeto. Me disseram que tinha sido feita por um artista local, e o fato de tê-la encontrado em uma loja de rua em um país estrangeiro e não em uma loja para turistas a tornava ainda mais preciosa para mim.

Aquela cruz tinha algo que me trazia alegria, mesmo quando me desfiz dela. Mesmo assim, ainda estou feliz por ter conseguido coragem para dizer adeus. Desde então, não gasto mais tempo procurando *souvenirs*, quando viajo. Sigo o exemplo de Snufkin — um dos personagens da animação *Moomin*, de Tove Jansson —, e só me permito olhar os *souvenirs* por mais tentadores que sejam. Assim consigo me concentrar mais na jornada em si. E o que é a vida se não uma jornada? Tenha coragem e se livre das coisas que lhe trazem alegria — o seu ganho será tremendo.

8. o minimalismo traz liberdade — quanto antes você experimentar, melhor

A maioria dos nossos pertences são coisas que só têm valor para nós: *souvenirs* de viagens memoráveis, livros amados que lemos várias vezes, cartas que recebemos de pessoas importantes para nós e fotografias de momentos inesquecíveis.

As lembranças dos problemas que enfrentamos para obter um determinado objeto, o preço que pagamos para torná-lo nosso ou as histórias que o cercam aumentam o valor que eles têm para nós. Mas não importa o quão caro ou quão maravilhoso um item possa ser, ele não terá o mesmo valor para outra pessoa. Ele simplesmente será outro objeto.

Esta noção cruzou minha mente quando estava pensando sobre o que aconteceria se eu morresse ou se algo sério me acontecesse de repente. Todos os meus objetos seriam um fardo para meus entes queridos. E como eu já tinha minimizado a maioria dos meus pertences, percebi que também tinha minimizado os problemas que eu causaria aos demais em tais circunstâncias. É uma coisa triste pensar sobre isso, mas, por algum motivo, tive uma sensação de liberdade. Sem essa preocupação mórbida pairando sobre mim, me senti mais forte e livre para enfrentar a próxima etapa da minha vida.

9. descartar coisas pode deixá-lo com menos, mas nunca o tornará uma pessoa menor

Se decidir minimizar suas posses, você não vai desenvolver de repente uma coceira misteriosa, ficar com metade do cabelo grisalho do dia para a noite ou desenvolver artrite. Não será óbvio para quem passar do seu lado, você não será criticado por isso, e criancinhas não jogarão pedras em você. Talvez as pessoas só olhem e pensem que você se veste com um estilo simples. É só isso o que poderão dizer.

Quando se está cercado por muitas coisas, livrar-se dos itens dos quais você gosta pode ser como arrancar um pedaço de si mesmo. Mas lembre-se: essas coisas não são você; sua conexão íntima com elas é apenas uma criação da sua mente. Você não se tornará uma pessoa menor se livrando dessas coisas. Na verdade, você pode acabar tendo a agradável surpresa de descobrir que, com todos esses pertences extenuantes fora do caminho, vai começar a se sentir mais vivo.

10. questione o jeito convencional de usar as coisas

Hiji inventou um colchão dobrado e apoiado contra uma parede que usa seu travesseiro e o edredom como encosto. Este é um exemplo de pensamento reverso: não um "sofá-cama", mas uma "cama-sofá" (ou "colchão-sofá", para ser mais preciso). Enquanto tiver um gravador e um óculos de realidade virtual, você pode assistir aos programas de TV sem ter um aparelho de TV em casa. Também dá para usar sabonete como sabão para lavar roupas ou a louça.

Recentemente, eu comecei a pendurar minha esponja para secar, influenciado por Marie Kondo, que diz que pendura para secar todo tipo de coisa, incluindo sua tábua de corte e a esponja de lavar louça. Isso permitiu que eu me livrasse da esponja de lavar louça com ventosas que eu tanto odiava. Kondo vai além do senso comum que diz que tábuas de corte e esponja não devem sem penduradas na lavanderia. Nossas posses vão continuar crescendo se nos limitarmos pelos usos padrão ou pelas conveniências de cada objeto, mas podemos arrumar tudo muito bem se ignorarmos as convenções.

11. não pense, descarte!

Uma das famosas frases de Bruce Lee em *Operação Dragão* é "Não pense. Sinta." Ao aplicarmos isso ao minimalismo, a frase provavelmente seria: "Não pense. Descarte!"

Chegou um momento em que, de repente, fiquei cansado e enjoado de ter tantos extratos bancários que pareciam importantes em casa, e joguei todos na trituradora de papel.

Imaginei que, de algum modo, eu me viraria sem isso, e fui em frente. Depois fui até o Yahoo! Respostas e perguntei: "Posso jogar fora os extratos bancários?" Segui meu instinto.

Mais tarde, dei os passos necessários para fechar a conta e não tive nenhum tipo de problema. O gerente do banco ficou um pouco surpreso quando expliquei o que eu tinha feito.

— Você... jogou fora... os extratos?

Mas há pessoas que perdem tudo em um incêndio, então não pode ser algo de outro mundo jogar uma coisa fora. Quanto mais pensamos nisso, mais nossos cérebros vão inventar desculpas para não nos livrarmos de nossos pertences. E quando isso acontece? Confie em seus instintos.

12. o minimalismo não é uma competição, não se vanglorie do pouco que você tem. Não julgue alguém que tem mais do que você

Um minimalista pode facilmente cair na armadilha de se vangloriar sobre o quão pouco ele tem ou competir com os outros sobre quem tem menos. Como eu falei anteriormente, acho que um minimalista é uma pessoa que sabe o que realmente é necessário para si, uma pessoa que reduz para poder se concentrar no que é realmente importante. As coisas que são necessárias vão variar de pessoa para pessoa, então não faz muito sentido se comparar com os demais.

Na minha opinião, uma pessoa pode estar cercada com muitas posses que são realmente necessárias para si. Caso o fato de ter muitas coisas dê um verdadeiro significado e propósito para alguém, então não há necessidade de se livrar de nada. Não há motivo para julgar uma pessoa assim.

Do mesmo jeito, não é preciso ir longe demais e se livrar de coisas que são realmente necessárias para você. O minimalismo não é um rito de penitência, não é um esporte competitivo. É simplesmente um meio para alcançar um fim.

13. o desejo de descartar e o desejo de possuir são as duas faces da mesma moeda

Pode ser bem estimulante quando você começa a se livrar de suas coisas. É revigorante, e as recompensas por encontrar a coragem de deixar as coisas de lado são imediatamente visíveis. Assim que você estiver sob o encanto do processo de minimização, separar-se de seus bens se tornará uma diretriz suprema, ao ponto de parecer que contraiu a doença do "livre-se de tudo". Você sentirá orgulho de suas conquistas e vai começar a se sentir crítico em relação às pessoas que têm muitas coisas.

Mas aquele julgamento de "Ah, você ainda tem muita coisa. Que pena!" é exatamente a mesma mentalidade do "Ah, você ainda não tem isso. Que pena".

Tanto jogar fora quanto obter coisas podem ser estimulantes, então não devemos nos tornar dependentes de nenhum dos dois tipos de ação. Sabemos que, quando alguém decide descartar alguma coisa, deveria perguntar a si mesmo: "Isso é algo de que realmente preciso?". Do mesmo modo, também é necessário se perguntar: "Isso é algo que devo realmente descartar? Estou tentando descartar só pelo propósito de reduzir tudo o que tenho?"

14. encontre seu próprio minimalismo

Talvez você não considere possível se qualificar como minimalista a menos que todas as suas posses caibam em uma única mala ou que você durma em um saco de dormir. Mas fique tranquilo, esses requisitos não existem. Não há uma definição correta de minimalista. Talvez depois de se separar de muitos bens, um grande piano permaneça no meio da sua sala. Como resultado de reduzir vários de seus pertences, se tornou ciente do que é realmente necessário e importante para você: a música.

O sr. Numahata, a pessoa com quem tenho um site, comprou um carro, dizendo que o minimalismo o levara a isso. Ele reduzira seus relacionamentos interpessoais desnecessários, e seu carro o ajudava a ganhar tempo para ficar sozinho. Ele também mantinha o interior do veículo totalmente livre de objetos, e considerava o carro um aposento minimalista móvel. Sinta-se livre para experimentar e descobrir seu próprio minimalismo.

15. o minimalismo é um método e um início

Mencionei algumas armadilhas do minimalismo nas quais podemos cair, mas eu gostaria de dizer que o minimalismo ainda é algo que recomendo para quase todo mundo. A sociedade de hoje coloca muito peso em objetos materiais, e há muita gente que possui mais do que precisa.

Para um minimalista, o objetivo não é reduzir, é eliminar distrações para poder se concentrar nas coisas que são realmente importantes. O minimalismo é só o começo. É uma ferramenta. Assim que você começar a minimizar, é hora de descobrir quais são as coisas importantes.

O minimalismo é como o prólogo de um livro; as histórias que virão a seguir só podem ser criadas pelo indivíduo. Como eu disse, o minimalismo é tão eficaz e seus métodos tão valiosos que as pessoas se confundem e acham que ele é o verdadeiro objetivo. Mas, lembre-se: o importante é o que você vai fazer depois. Assim que disser adeus para todas as coisas extras, é hora de criar sua própria história pessoal.

capítulo 4

12 mudanças que fiz desde que disse adeus para minhas coisas

tenho mais tempo

Seu tempo é limitado, então não o desperdice
vivendo a vida de outra pessoa.

Steve Jobs

como seus pertences tomam seu tempo

Em 20 de dezembro de 2014, para comemorar os cem anos da estação de Tóquio, foi feita uma edição especial e limitada dos cartões pré-pagos de transporte Suica. Quinze mil cartões foram disponibilizados para venda, e o resultado foi uma loucura. Mais de nove mil pessoas fizeram fila para comprar os cartões, e as vendas foram suspensas naquele dia.

Os telejornais mostraram as reações zangadas das pessoas depois que as vendas foram suspensas, incluindo crianças que esperavam na fila para obter os cartões que usariam quando começassem as aulas, na primavera seguinte. Senti muita pena por todas aquelas pessoas que esperaram por horas na fila, aguentando o frio.

Mas aquela edição limitada dos cartões não oferecia 5% de desconto na tarifa dos trens nem era feita de algum material especial que não quebrava com facilidade. Eu certamente iria querer um, se esse fosse o caso. O design com estilo de Mucha era realmente lindo, mas eu me perguntava se aquele cartão era algo que todo mundo queria, mas quase ninguém precisava.

Para quem decidiu que as funções dos cartões em edição limitada eram exatamente as mesmas do cartão normal e os ignorou, olhe quanto tempo economizou:

1. Tempo gasto em ir e voltar da estação de Tóquio;
2. Tempo gasto na fila;
3. Tempo perdido simplesmente sentindo raiva depois do cancelamento das vendas;
4. Tempo gasto controlando a raiva;
5. Tempo gasto imaginando o que fazer a seguir e talvez planejando a próxima tentativa de comprar o cartão.

Escute, a vida é curta. É uma pena desperdiçá-la por causa de objetos materiais.

menos tempo gasto com distrações provenientes dos meios de comunicação e dos anúncios

Seja em casa, assistindo à TV ou dando uma volta na rua, somos bombardeados por mensagens urgentes transmitidas pelos meios de comunicação, anúncios e tudo mais que nos rodeia.

Vamos ganhar mais dinheiro para poder começar a economizar. Vamos perder gordura e ficar magros.

Vamos entrar em uma boa escola. Vamos viver em uma bela casa. Vamos ficar saudáveis. Vamos competir e vencer. Vamos ter mais estilo. Vamos adquirir mais conhecimento. Vamos nos preparar para o desastre.

O diretor de cinema Tom Shadyac apenas disse: "Em outras palavras, não somos bons do jeito que somos."

Quando praticamos o minimalismo, passamos menos tempo sendo distraídos pelos meios de comunicação ou pelas publicidades porque nos tornamos conscientes de que já temos tudo o que precisamos. E quando nos sentimos desta maneira, podemos ignorar facilmente a maioria das mensagens com as quais nos bombardeiam.

Pelo contrário, se estamos pensando o tempo todo que falta algo em nossas vidas, sentimos como se todas aquelas mensagens fossem dirigidas diretamente para nós. Se começarmos a considerar cada uma dessas mensagens, nunca teremos tempo suficiente para fazer nada. O minimalismo é construído ao redor da ideia de que não há nada faltando. Você passará menos tempo sendo atormentado por algo que acha que pode estar faltando.

menos tempo gasto em compras

Para começar, um minimalista não compra muita coisa, então você vai passar menos tempo comprando. Embora sempre existam coisas que devam ser adquiridas, isso vai levar menos tempo. Nos meus dias de maximalista, costumava ser um grande fã dos aparelhos elétricos.

Vamos dizer que, se eu quisesse comprar um novo forno de micro-ondas, pesquisaria as especificações dos produtos de diversos fabricantes e passaria o pente fino nelas. Verificaria todas as resenhas dos usuários na internet. Faria uma avaliação extensa e compraria um modelo que me permitisse cozinhar no vapor em alta temperatura. Ficaria extasiado com alguma função não disponível em outros modelos na mesma faixa de preço — e nunca usaria essa função quando fosse cozinhar.

Às vezes, eu ia até alguma área chique de Tóquio e passava o dia todo procurando a camisa perfeita. Ia da loja A para a B e depois para a C, experimentava modelos diferentes e, incapaz de decidir, voltava à loja A, mas ainda assim saía de mãos vazias. Qual era o sentido do dia que passei nas compras? Por acaso tinha feito isso só para me cansar?

Há um estudo famoso chamado "experimento da geleia". Em resumo, o estudo mostra que mais pessoas compram geleia quando seis variedades são exibidas do que quando 24 variedades estão disponíveis para a compra. Quando têm muitas opções, as pessoas tendem a pensar que há algo melhor do que aquilo que vão escolher. E, na verdade, se comprarem uma das opções, seu nível de satisfação vai diminuir por causa da sensação de arrependimento. Fica complicado quando há muitas escolhas disponíveis.

Conforme continuei minha jornada como mini-malista, notei que meu critério para escolher as coisas que possuo se tornava mais claro e, como resultado, passava menos tempo me perguntando se devia ou não comprar algo.

As qualidades que procuro nas coisas que compro são: (1) o item tem um formato ou desenho minimalista e é fácil de limpar; (2) a cor não é muito chamativa; (3) serei capaz de usar por muito tempo; (4) tem uma estrutura simples; (5) é leve e compacto; e (6) tem múltiplos usos.

Dessa forma, foi fácil escolher uma bicicleta para comprar. Procurei uma que tivesse o quadro fixo e com acabamento prateado fosco, um tipo de cor que parece um pouco oxidada desde o início. Um quadro horizontal clássico era a melhor opção, pois nunca sairia de moda. Na verdade, eu não precisava do nome de uma marca chique no quadro.

A única bicicleta que atendia a todos os meus critérios era vendida pela Focale 44, então não demorou nada para que eu me decidisse e fizesse a compra. Aliás, assim que fiz isso, não a comparei com outras bicicletas vendidas por aí.

Você não perde tempo ponderando as escolhas disponíveis se continuar comprando o mesmo produto que realmente gosta ou se consertá-lo caso necessário ou possível. E já que está satisfeito com ele, não precisa se preocupar em olhar outros modelos novos. Isso não se aplica só a produtos.

O minimalismo naturalmente diminui nossas escolhas, então é possível conseguir tomar decisões mais rápido.

menos tempo nas tarefas domésticas

Experimentei uma drástica redução de tempo para fazer meu trabalho doméstico. Entrarei em detalhes depois, mas é incrível como o tempo da faxina diminui quando você mantém as coisas no mínimo. Você terá menos coisas largadas por aí. Terá menos roupas e terá menos peças para lavar, e também desperdiçará menos tempo tentando decidir o que vestir.

Costumava odiar os raios de sol no meu antigo apartamento bagunçado. Odiava a poeira que era iluminada pela luz do sol. Eu era uma pessoa noturna, e as persianas da minha janela estavam sempre fechadas para manter o sol do lado de fora.

Mas agora sou despertado com o sol brilhando em casa. Acordo, vejo que meu quarto já está limpo, e o simples ato de despertar de manhã se tornou uma alegria. Acordo cedo sem esforço. As horas matinais que costumavam ser inexistentes para mim, agora são cheias de significado.

posso mudar de casa em trinta minutos

Tive que mudar para um novo apartamento na primavera. Não empacotei nada com antecedência e, mesmo assim, só precisei de trinta minutos para tirar tudo de casa, incluindo o tempo que levou para remover os lustres e tirar a máquina de lavar roupas da tomada.

Esse é o tempo que uma pessoa leva para decidir o que vestir antes de sair de casa. Mas, no meu estilo minimalista, não preciso de muito tempo para empacotar minhas posses. Sou capaz de mudar para qualquer lugar que queira com a mesma tranquilidade que saio para tomar um café.

menos tempo sentindo preguiça

Quando se vive em uma casa limpa e simples, você passa menos tempo sentindo preguiça. No meu antigo apartamento, costumava ficar na cama o dia todo quando tinha folga do trabalho. Eu costumava pensar: *Tenho que lavar roupa hoje. E já passou da hora de aspirar a casa também. Mas, espere, quando foi a última vez que lavei estes lençóis? Ok, vou fazer isso... Mas por onde devo começar? Vou lavar a roupa, limpar a casa e lavar a louça enquanto a máquina de lavar trabalha. Sim, é isso o que vou fazer. Mas, espere, talvez eu devesse fazer a limpeza e, depois que terminar, colocar do cancelamento das vendas. Ah, é muito trabalho... Vou só ligar a TV e dar uma olhada no celular antes...*

Isso era um looping infinito. Mas, quando você tem poucas posses, há poucas coisas que precisam ser feitas a cada dia. Você pode cuidar de cada uma das tarefas quando elas surgem e não vai acabar com uma longa lista de afazeres, o que o deixa com o espírito animado e determinado.

menos tempo procurando coisas perdidas

Estou ciente de cada um dos meus pertences e, como eles estão sempre guardados nos mesmos lugares, não gasto tempo procurando coisas perdidas.

Quando se está ciente de todas as coisas que têm, você não só tem certeza de onde estão, mas também tem certeza se as possui ou não. Não é preciso perder tempo se perguntando onde guardou a fita adesiva. Não tenho um rolo de fita adesiva em casa, então minha resposta é óbvia. Instruções de uso de produtos, garantias, documentos — eu escaneio tudo isso imediatamente ou simplesmente jogo fora. Se houver necessidade de algum desses documentos, sei que não preciso procurar o exemplar físico.

Com menos posses, você terá menos coisas para perder. E já que um minimalista também costuma sair de casa com menos coisas, as chances de esquecer algo diminuem, o que também significa menos tempo voltando correndo para casa para pegar algo que ficou para trás.

tempo de qualidade, e não objetos de qualidade, leva à felicidade

É normal vermos pessoas correndo freneticamente para pegar o trem, quase derrubando os outros no processo. Toda vez que vejo uma pessoa assim, não consigo deixar de notar que ele ou ela não parece feliz. Ninguém está radiante de alegria quando está apressado. Por outro lado, as pessoas que vejo nas ruas durante os feriados da Semana Dourada no Japão parecem consideravelmente mais felizes.

O psicólogo Tim Kasser ressalta que uma maior qualidade do tempo leva diretamente à felicidade, enquanto o enriquecimento de objetos materiais, não. Todos conhecemos pessoas com empregos excelentes, que ganham muito dinheiro, mas estão sempre estressadas, indo de uma crise para outra. Mesmo pessoas agradáveis vão se tornar negativas se estiverem ocupadas demais e não tiverem o luxo do tempo em suas mãos.

a importância do devaneio

Estudos recentes na neurociência revelaram que há certas áreas no nosso cérebro que só são ativadas quando devaneamos ou quando nossas mentes estão divagando.

Segundo eles, esses momentos são usados para o autodespertar, para a orientação e para a memória — ou, mais simplesmente, para pensarmos em nós mesmos. Um momento relaxante não é insignificante, mas sim um tempo importante para reflexão. Talvez estejamos sentados na praia, ouvindo o som das ondas ou fitando uma fogueira.

A ciência provou que esses tipos de intervalos relaxantes são necessários para nós. Sejamos ricos ou pobres, todos temos 24 horas por dia. Achar tempo para relaxar é o luxo máximo.

você pode se sentir feliz neste instante

Experimentar o relaxamento é indispensável para sentir felicidade. Mas não significa que você precisa tirar férias e ir para uma ilha tropical ou se deitar em uma cadeira de praia sob um guarda-sol. Na verdade, não há muita diferença emocional entre a felicidade do dia a dia que está ao seu alcance neste momento e a felicidade que você encontrará naquela praia. Faça uma pausa em um café do bairro. Pare de digitar no computador e se dê um momento para respirar fundo. A felicidade está ao nosso redor. Só precisamos de tempo para encontrá-la.

Ao reduzir o número de pertences que você tem, é possível recuperar o tempo que esses objetos roubaram de você. O tempo é precioso. É uma pena desperdiçar o que foi dado igualmente para todos nós — nossas 24 horas por dia — em coisas materiais. Em vez disso, dedique tempo para perseguir a felicidade cotidiana.

eu desfruto mais da vida

Minha própria vida se tornou minha diversão
e nunca deixou de ser uma novidade. Era um
drama de muitas cenas e sem um final.

Henry David Thoreau

todo mundo gosta do resultado de uma boa faxina

Embora a maioria de nós não fique animada com a ideia de fazer faxina, é provável que não exista uma pessoa que não goste dos resultados de uma boa limpeza em casa. Alguém ia reclamar de olhar para um quarto que foi todo limpo? Acho que não.

Na época em que eu era cercado de coisas, costumava odiar fazer faxina. Não importa com que frequência limpava, o pó continuava se acumulando. Também odiava lavar a louça. Olhava para aquela pilha na pia da cozinha e prometia a mim mesmo que lavaria tudo no dia seguinte. Então, ia direto para a cama.

Odiava esse ciclo sem fim de afazeres domésticos. Não era de se surpreender que minha casa era uma bagunça. Também teve uma época em que o chão estava repleto de livros, e me lembro de pensar que pelo menos eu não precisava mais limpá-lo.

Perto do meu antigo apartamento, havia uma árvore de gingko biloba que tomava quase toda a calçada. Toda manhã, eu via minha vizinha de meia-idade ocupada, varrendo as folhas caídas, e me perguntava como ela podia fazer aquilo dia após dia. As folhas iam cair o tempo todo, então por que ela não varria apenas uma vez por semana ou dia sim, dia não?

Aquele era o antigo eu. Agora, entendo como a mulher devia se sentir. Não eram as folhas caídas que ela estava recolhendo; era a própria preguiça que ela estava mandando embora.

não existe essa história de personalidade preguiçosa

Costumava me considerar uma pessoa preguiçosa, sem força de vontade. Acreditava que era um traço de personalidade que não podia ser alterado. E, além disso, dizia para mim mesmo: não é nada incomum que um rapaz seja descuidado, certo?

Mas agora tudo isso mudou. Toda manhã, passo aspirador no meu apartamento antes de sair para o trabalho. Arrumo o banheiro sempre que tomo banho e, como resultado, ele está sempre limpo e brilhante. Lavo a louça assim que termino de comer. Lavo as roupas antes de juntar uma pilha imensa e penduro as roupas lavadas na varanda, que também limpo toda, inclusive a varanda do vizinho.

Mesmo assim, não passei por uma mudança de personalidade. Então, por que não sou mais um "preguiçoso descuidado"? O simples motivo para essa minha versão limpa é que agora tenho menos coisas e é mais simples manter a casa limpa. Não tenho uma personalidade preguiçosa agora, e não tinha antes.

o método de limpeza de Aristóteles

Aristóteles acreditava (como parafraseado pelo filósofo Will Durant) que "somos o que fazemos de forma repetida. Excelência, então, não é um ato, mas sim um hábito".

Você não precisa ter uma grande força de vontade para organizar tudo regularmente e manter a casa limpa. Só determinação, em algum momento, vai diminuir. Tudo o que você precisa fazer é tornar a limpeza de casa um hábito diário. Assim que se tornar um hábito, será capaz de limpar sem pensar duas vezes.

as recompensas por tornar a limpeza um hábito

Dizem que ganhar uma recompensa é a chave para desenvolver um novo hábito. Com a limpeza diária, a recompensa pode ser a sensação de realização e calma que temos depois. Também há a recompensa da autoconfiança que ganhamos quando superamos todas as desculpas que inventamos para não arrumar a casa. Como minimalistas, a limpeza se torna fácil e rápida e, assim, nos sentimos recompensados. Na verdade, começamos a desfrutar da limpeza como um resultado, e ela se torna naturalmente um hábito. O mesmo vale para os outros afazeres que precisam ser realizados em casa. Para desenvolver um hábito de limpeza, o mais importante é facilitar a obtenção da recompensa. E, se você tem menos posses, isso será feito em um piscar de olhos.

é três vezes mais fácil limpar quando se tem menos

Quando morava no meu apartamento antigo, eu passava o aspirador no máximo uma vez por mês. Mesmo depois que minimizei bastante, ainda só limpava o apartamento nos fins de semana. Mas, agora, passo o aspirador todas as manhãs. Tornou-se um hábito porque é muito fácil.

Limpar a casa pode ser realmente fácil se você tem menos coisas. Vamos analisar como podemos limpar o chão se temos uma escultura de coruja na sala:

Passo 1: Mudar a coruja de lugar.
Passo 2: Varrer o chão onde a coruja estava antes.
Passo 3: Colocar a coruja novamente na posição original.

E se não temos uma estátua em casa:

Passo 1: Varrer o chão.

Pronto! Feito! É simples assim. Em uma vida minimalista, limpar o chão exige apenas um terço do esforço e, provavelmente, um terço do tempo. E nem estamos falando de limpar os entalhes intrincados da escultura em si.

Agora imagine o trabalho que teremos se tivermos três ou quatro, ou talvez dez ou vinte, dessas esculturas em casa.

sem bagunça, seus pertences têm um espaço natural

Agora que descobri o conforto de viver em um apartamento que não é abarrotado de objetos, fiquei bastante rápido em guardar as coisas. Por exemplo, assim que termino de secar o cabelo, já guardo o secador em seu devido lugar.

Houve uma época em que não conseguia acreditar quando Marie Kondo dizia que só pegava o controle remoto da televisão quando queria usá-lo, mas descobri que estou fazendo exatamente a mesma coisa. Não é transtorno algum. Assim que se torna hábito, é um fluxo natural pegar alguma coisa, usá-la, e colocá-la no lugar de novo.

Lembra quando você estava aprendendo a andar de bicicleta? Tenho certeza de que você deve ter tomado bastante cuidado para manter o equilíbrio enquanto pedalava. Mas, assim que a habilidade é adquirida, e antes que perceba, você está pedalando sem precisar pensar duas vezes.

É o mesmo quando limpo a casa. Não penso sobre o assunto; é como se meus pertences voltassem aos seus lugares de direito por conta própria.

as alegrias de viver em um apartamento pequeno

Na última primavera, mudei de uma casa com 25 metros quadrados para um espaço menor, que tem vinte metros. Isso quer dizer que agora tenho cinco metros quadrados a menos de espaço que precisam ser limpos. A faxina é mais fácil do que nunca, sem contar que é mais rápida.

Penso agora que gostaria de morar em um lugar o menor possível. Mesmo meu apartamento atual me pareceu muito espaçoso desde o início. A faxina é simples, divertida e boa de fazer. Duvido que algum dia comprarei um robô aspirador ou terei alguém para fazer a limpeza para mim, considerando o quão agradável é a tarefa. E no meu pequeno apartamento, com minhas poucas e queridas posses, limpar se torna um ato íntimo também.

pó e sujeira são reflexos dos nossos "eus" passados

Já disseram muitas vezes que limpar sua casa é como limpar a si mesmo. Acho que esta é uma regra de ouro. Não são apenas pó e sujeira que se acumulam em nossas casas. São as sombras de quem fomos no passado que fazem com que aquela poeira e aquela sujeira continue a se acumular.

Claro que não é agradável precisar limpar a sujeira das nossas coisas, mas, mais do que isso, é a necessidade de encarar nossos feitos passados que torna a tarefa tão difícil para o ser humano. Mas, quando temos menos posses materiais e limpar se torna um hábito fácil, as sombras que agora encaramos serão nossas realizações diárias.

Levantar cedo pela manhã, tomar um banho refrescante, sentar-se para um café da manhã com calma, limpar a casa e lavar a roupa antes de sair para o trabalho, definitivamente afetarão o jeito como você chegará no escritório.

Apenas pelo fato de levar uma vida organizada, você se sentirá mais revigorado, mais confiante e gostará mais de si mesmo se comparado com quando costumava ficar na cama até o último minuto e fazer tudo correndo para ir para o trabalho. E quando você gosta de si mesmo, é mais fácil enfrentar outros desafios. As pessoas podem mudar, começando por seus estilos de vida.

a pressão para construir um futuro de "sucesso"

"Você é importante, e você é insubstituível."
"Seja você mesmo, seja único."
"Vá em frente. Esforce-se para conseguir alguma coisa."

Sabemos que as pessoas não fazem por mal, mas os jovens são bombardeados diariamente por esse tipo de mensagem. Estão sob pressão constante para se tornarem alguém. Eu também estive sob esse mesmo tipo de pressão e ficava frustrado com minha incapacidade de preencher essas expectativas.

Depois de me livrar da maioria dos meus pertences, uma coisa que posso dizer com bastante honestidade é que não há necessidade real de realizar algo ou de construir um futuro ambicioso. Podemos começar a nos contentar conosco mesmos e nos sentir plenos de felicidade simplesmente vivendo nosso cotidiano, apreciando o momento presente.

Quando termino a simples tarefa de limpar meu novo apartamento e dar uma volta pelo quarteirão, percebo que não há mais nada de que precise ou queira. Vou ao parque e observo os patos no lago, enquanto afofam suas penas. Vejo como parecem relaxados — quando tudo o que estão fazendo é afofar as penas. Eles não estão tensos, tentando se tornar outra coisa. Não estão tentando freneticamente construir uma carreira e não estão sabotando outros patos. Tudo o que todos parecem fazer é desfrutar da água, afofar as penas e viver suas vidas. Na verdade, não é tudo o que precisamos em nossas vidas também?

Ao me livrar da quantidade de objetos que eu tinha, senti o contentamento verdadeiro com minha vida cotidiana. O simples ato de viver me traz alegria.

tenho mais liberdade

É só depois que perdemos tudo que somos
livres para fazer qualquer coisa.
Tyler Durden, em *Clube da luta*

a liberdade de movimento

Não é verdade que pássaros são livres para pairar alto no céu porque seus ninhos são simples e eles não estão presos pela necessidade de acumular coisas?

Costumava ser o oposto completo dessas aves. Tinha um armário imenso que ocupava espaço na minha cozinha e, em determinado momento, tive um quarto escuro montado em um canto da minha casa. No corredor havia uma estante grande, com toneladas de livros.

Naquela época, costumava pensar que, quando me mudasse novamente, precisaria de muito espaço e armários para guardar todas aquelas coisas e, provavelmente, até um aposento extra, em que minha TV imensa e equipamento de *home theater* pudessem ser devidamente apreciados.

Eu procurava apartamentos disponíveis na internet, mas não conseguia encontrar um lugar que coubesse no meu orçamento. Além disso, seria uma chatice empacotar todas aquelas coisas e depois desempacotá-las na casa nova.

Depois de me tornar minimalista, mudei de casa pela primeira vez em uma década. Saí de Nakameguro até uma área chamada Fudomae, não muito distante, e o empacotamento (sem uma única caixa de papelão, veja você), a mudança em si e o desempacotamento todo duraram uma hora e meia. Não estou brincando. Da próxima vez que me mudar, quero encontrar um lugar ainda menor para morar. Os vinte metros quadrados do apartamento em que estou agora parecem grandes demais para mim. Seria ótimo morar em um lugar com cerca de doze metros quadrados, como a escritora Dominique Loreau. Além disso, apartamentos menores têm aluguéis menores. Por fim, me livrei de todos os meus antigos critérios de busca — a necessidade de tanto espaço para guardar tal e tal coisa, e uma sala que tivesse tantos metros quadrados para colocar tudo nela. Leva tão pouco tempo para mudar até um lugar novo. Eu me livrei de minhas posses e ganhei liberdade para me mudar sempre que tiver vontade.

a liberdade de escolher um novo estilo de vida

Hoje em dia, muitas pessoas exploram novos tipos de moradia. Alguns exemplos são a cabana que Tomoya Takamura construiu por mil dólares, a casa móvel de Kyohei Sakaguchi e, é claro, o movimento das minicasas.

Essas iniciativas são todas alternativas criativas às hipotecas convencionais de trinta anos.

Calcula-se que o número de casas vazias no Japão alcance os 40% em 2040. Além disso, com os terremotos frequentes do país, os riscos de viver em uma casa convencional continua a aumentar a cada ano. Todas essas opções de novos estilos de vida têm uma coisa em comum: não são casas normais, grandes, onde dá para guardar muita coisa.

É fácil para um minimalista, que tem poucas posses, escolher qualquer tipo de casa que desejar, e eu até acho todas essas opções de novos estilos de vida fascinantes. Imagino que a tendência continuará a ganhar espaço.

custos de vida menores levam a uma vida livre

Existe um conceito importante chamado *custo de vida mínimo*, que se refere à quantidade mínima de dinheiro que você precisa para viver. Acho que vale a pena para todo mundo calcular isso para si mesmo pelo menos uma vez, considerando aluguel, mercado, serviços básicos, tarifas de comunicação, e assim por diante.

Vivo em um lugar chamado Fudomae, em Tóquio, e meu aluguel mensal é de 67 mil ienes (cerca de 650 dólares). Consigo viver feliz com 100 mil ienes (cerca de 1 mil dólares) por mês, e isso inclui outras necessidades da vida moderna, como meu iPhone. Sou perfeitamente feliz preparando todas as minhas refeições, fazendo minhas leituras na biblioteca e caminhando no parque para relaxar.

É tudo possível e até agradável, porque a pessoa que se torna minimalista para de se comparar aos demais. E uma vez que você deixa de lado o orgulho desnecessário que dá origem a pensamentos como "Não sou alguém que devia fazer esse tipo de trabalho" ou "Eu gostaria de morar em uma casa como as que aparecem nas revistas" ou "Não quero que as pessoas achem que sou pobre", há vários trabalhos por aí que pagam 100 mil ienes por mês.

Como resultado, não preciso mais me preocupar com a aposentadoria. Sou otimista, pois sei que tudo o que preciso fazer é ganhar 100 mil ienes por mês. Existem muitos trabalhos disponíveis hoje em dia, nos quais tudo o que você precisa é de uma conexão com a internet, então você pode até morar em algum lugar no exterior onde os custos de vida mínimos sejam ainda mais baixos. Não faz sentido aguentar um emprego horrível ou então ter que trabalhar até a morte só para manter seu padrão de vida. Ao ter menos coisas e abaixar seu custo de vida mínimo, você pode ir para qualquer lugar que quiser. O minimalismo pode ser realmente libertador.

libertado de seus personagens

Em certa medida, todos nós nos identificamos com nossas posses. Considerava minha imensa coleção de livros, CDs e DVDs como parte de quem eu era. É difícil se separar de algo que você ama, porque isso faz com que você sinta que está jogando fora uma parte de si, e consigo compreender isso. Mas a verdade é que, ao me livrar dos meus livros, CDs e DVDs, consegui alcançar uma sensação fundamental de liberdade que é difícil colocar em palavras — pode-se dizer que fiquei livre dos meus personagens.

Como autoproclamado entendido em filmes, costumava assistir a cinco ou seis filmes por semana. Ficaria envergonhado se todo mundo estivesse falando sobre um filme que não tivesse visto; eu queria exibir o fato de ter visto muitos filmes. Queria ser capaz de dizer: "Que filme? Sim, eu vi. Vi aquele outro também. Sim, gostaria de ver este outro também."

Embora ainda seja fã de filmes, percebi que antes estava apenas preso a este personagem do "entusiasta dos filmes". Hoje em dia, não me preocupo mais com quantos filmes assisti. Não sou mais um "entusiasta dos filmes", mas alguém que desfruta só dos filmes que realmente precisa ver.

Agora, quando o título de um filme desconhecido entra na conversa, não tenho problema em perguntar "Qual filme é? Me fale sobre ele".

Há coisas que amamos tanto que parece que elas começam a fazer parte de quem nós somos. Elas formam um personagem que você precisa manter. Separar-se dessas coisas significa que você se libertará desse conceito em particular.

libertado da ganância

Quando se torna minimalista, você se liberta de todas as mensagens materialistas que o cercam. Todo o marketing criativo e as irritantes publicidades não terão mais efeito sobre você. As celebridades não lhe causarão inveja. Vitrines elegantes, cartões de recompensa, produtos de última geração, novos apartamentos em construção — essas coisas não têm nada a ver com você, o que lhe dará liberdade para caminhar pela cidade sentindo-se confortável e livre.

Como expliquei, quanto mais você tem, mais acumula. Ao ficar preso neste círculo, você nunca ficará satisfeito; só vai querer mais e mais.

É como um monstro que, quanto mais come, mais faminto se torna. *Wetiko* é uma palavra dos nativo--americanos, que pode ser traduzida literalmente como "devorador de homens", que se refere a um transtorno mental no qual você quer mais do que precisa. Esse transtorno destrói a vida das pessoas.

Deixada por conta própria, nossa fome pelas coisas pode ficar fora de controle e se tornar um monstro. No passado, eu era dominado pela cobiça. Estava sempre querendo mais. Mas agora tenho tudo de que preciso.

Não há nada em particular que eu de fato queira. Pode parecer surpreendente, mas é um sentimento realmente fantástico.

parei de me preocupar com
a maneira que os outros me veem

Você é o único que se preocupa com seu rosto.

Ichiro Kishimi e Gumitake Koga, em Kirawareru Yuki

Coragem para ser antipático

Steve Jobs não ficava nervoso

No processo de minimizar, revisei minhas roupas e minimizei meu guarda-roupa também. Como expliquei no capítulo 3, é possível criar mais tempo e foco nas coisas importantes se considerarmos a ideia de termos uniformes pessoais. Steve Jobs tinha sua camiseta de gola alta preta, e Mark Zuckerberg tem sua camiseta cinza. Eles concordam que é desperdício de tempo escolher as roupas que você quer usar. Eles preferem gastar esse tempo fazendo algo criativo.

Há outro benefício em um guarda-roupa minimalista. Como escolhemos peças que são atemporais, não precisamos nos preocupar em estar fora de moda. Não usamos estilos excêntricos, então não temos que pensar se uma roupa serve, se é a combinação correta ou se vão nos julgar.

Não temos inveja de roupas caras e não nos envergonhamos por usar roupas baratas demais. Paramos de nos preocupar com a maneira que as outras pessoas nos veem.

É fácil ficar um pouco nervoso quando se entra em uma loja da moda, mas pense um minuto em Steve Jobs, o homem que sempre usava a mesma roupa. Você acha que ele ficaria nervoso ao entrar em uma loja da Comme des Garçons se estivesse se perguntando o que as pessoas pensam sobre seu jeito de se vestir?

No passado, costumava ficar muito constrangido. Só de andar pela cidade, eu me perguntava se as pessoas achavam minha roupa embaraçosa ou que não combinava comigo. Acho que, ao me tornar minimalista nas roupas que uso, fiquei mais relaxado sobre como os outros me veem.

o real motivo pelo qual é difícil comer sozinho em um restaurante

É difícil comer sozinho em um restaurante. Pegue uma churrascaria coreana, por exemplo. Você não fica paranoico de pensar que os funcionários do restaurante, assim como os outros clientes, podem observá-lo, pensando como você tem coragem em pedir um churrasco para uma pessoa enquanto a carne é grelhada na sua frente? Que você deve ser solitário por comer sozinho? Bem, mesmo se isso acontecer, eles só vão pensar no assunto por mais ou menos dez segundos, trinta no máximo. Mesmo assim, como estamos focados completamente em nós mesmos ao comer um churrasco sozinhos, tendemos a pensar que seremos observados durante o jantar todo. Mas coloque-se no lugar dos que estão ao seu redor e verá que ninguém está tão interessado assim em você. Como disse antes, você é o único que se preocupa consigo.

Não acho que seja possível provar o que os outros podem pensar. Digamos que você se aproxime de outro cliente e diga para ele: "Ei, está pensando que sou solitário por estar comendo sozinho?". Talvez ele diga que não, ou para ser educado ou porque realmente é verdade. Talvez você prossiga, dizendo que pode provar, uma vez que ele estava olhando e rindo para você até um minuto atrás; mesmo assim, não será capaz de desmenti-lo se ele disser que estava rindo de outra coisa.

Talvez ele esteja de fato pensando no jantar solitário você está tendo. Talvez não esteja. É impossível saber. É inútil se preocupar com algo que não se pode ter certeza. É pior ainda se você for incapaz de fazer algo porque está preocupado com a maneira que os outros o verão. Se você quer comer um churrasco sozinho, bem, por que não fazer isso? Ninguém está preocupado, como você pode achar. Todos estão ocupados e envolvidos em suas próprias vidas.

manter as aparências só nos atrapalha

Houve um tempo em que não ficava muito confortável com e-books. Livros impressos são maravilhosos — é rápido e fácil virar as páginas, eles dão aquela sensação análoga ao calor, e uma encadernação complexa é bonita e agradável aos olhos.

Acho que o real motivo pelo qual os livros me davam uma sensação de inquietude, no entanto, não era pela falta do apelo do papel, mas pelo fato de que não podiam ser empilhados depois de lidos. Tinha uma quantidade enorme de livros que eu achava que gostava e colecionava, até que me dei conta de que eles estavam lá apenas pela aparência. Queria que as pessoas os vissem e ficassem impressionadas por eu ser uma pessoa profunda e pela sede que tinha de conhecimento.

Agora está claro que só queria transmitir aos outros que eu era uma pessoa de valor por meio dos meus livros. Para isso, eles precisavam ficar empilhados aos montes depois que terminava de lê-los.

Qualquer um que vê uma pilha de livros vai pensar que você lê muito. Ficava nervoso com os e-books porque só pareceria que tinha lido um livro, em vez dos milhares de títulos que eu já lera.

Muitos livros que eu tinha ficaram sem serem lidos por anos. Dizia para mim mesmo que, "um dia desses", eu os leria. Mas percebo agora que eles estavam ali princi-palmente para manter minha aparência de intelectual.

Agora que me livrei das pilhas que ficaram sem ler, sou capaz de me concentrar em um único livro que realmente me interesse no momento. Como resultado, leio mais livros. Livrar-me dos livros antigos despertou meu interesse em novas áreas. Ao deixar o antigo para trás, fui capaz de me apegar ao novo.

lições de uma coleção de câmeras sem uso

Gosto de tirar fotos. Também gosto de pensar que tenho um conhecimento bem extenso sobre fotografia. Houve um momento em que usei minha cozinha como quarto escuro para revelar negativos. Colecionava belas câmeras fotográficas antigas e visitava leilões só para comprar uma câmera rara atrás da outra. Eu as exibia em meu apartamento e nunca carreguei nenhuma delas com filme.

Nunca as usava. Eram apenas parte da decoração. Elas estavam ali para que pudesse dizer para as pessoas que eu tinha um monte de câmeras, para então parecer um entusiasta do assunto, com uma veia artística.

Desde então vendi todas as minhas câmeras. Entrei em contato com um agente de leilões e me livrei de tudo de uma só vez, incluindo meu armário à prova de umidade. Ao seguir adiante e me livrar de todas essas coisas que eu guardava para manter as aparências, comecei a me preocupar menos com o modo como era visto pelos outros. Fui capaz de me livrar do orgulho inútil e da autoconsciência que atrapalhavam, me impedindo de realmente perseguir as coisas que são mais importantes para mim.

Meu apartamento chegou a um estado em que não há problema mostrar nenhuma parte dele para ninguém em momento algum. O mesmo vale para minha mochila e minha carteira. Não tenho mais vergonha de fazer nada. Deste ponto em diante, simplesmente faço o que tenho vontade.

estou mais conectado com
o mundo ao meu redor

Tudo o que fizer será insignificante,
mas é muito importante que você o faça.

Atribuído a Mahatma Gandhi

não sou mais superintrovertido

Agora tenho tempo. Não tenho medo de como as pessoas me veem. Mantenho os afazeres domésticos em dia. É assim que o ciclo virtuoso do minimalismo começa, e o que inicia com uma pequena volta gradualmente se torna um ciclo maior. Por causa desse ciclo, não há mais nada que me impeça de tentar algo.

Estes são apenas alguns desafios que conquistei desde que me tornei minimalista, que não teriam sido possíveis para meu antigo eu:

- Experimentei mergulho pela primeira vez;
- Fiz da meditação zen um hábito regular (fui um participante de uma sessão zen coordenada por Ryunosuke Koike);
- Participei de um programa de ioga na minha academia (costumava achar que as pessoas iam rir do meu corpo duro);

• Comecei a contatar pessoas que queria conhecer (e as pessoas estão dispostas a me ver, até celebridades);
• Participei de reuniões cara a cara com minimalistas de todo o Japão (elas são sempre divertidas);
• Fiz amizade com pessoas que conheci na internet (agora tenho amigos que posso visitar em qualquer lugar do país);
• Comecei um site (costumava achar que pessoas que se autopromoviam eram muito obcecadas consigo mesmas);
• Entrei no Twitter (costumava pensar que pessoas que usam o Twitter eram... É melhor deixar para lá);
• Finalmente me mudei, depois de uma década (levei trinta minutos, mas não levarei mais do que vinte da próxima vez);
• Declarei meu amor a uma garota que eu achava estar fora do meu alcance e comecei a sair com ela (o antigo eu jamais teria coragem de fazer isso);
• Escrevi um livro, é claro (o velho eu diria "esqueça, você só vai passar vergonha").

A garota que comecei a namorar me deixou depois de um tempo, mas lambi minhas feridas dizendo a mim mesmo que foi porque ainda não tinha aprendido completamente as lições verdadeiras do minimalismo. Percebo agora que eu estava sempre ocupado me preocupando com a maneira que ela me veria.

No futuro, pretendo me concentrar em estudar inglês. Também planejo desfrutar mais das atividades ao ar livre. Gostaria de tentar o surf e talvez um pouco de escalada em montanhas, e também tenho vontade de tirar licença para dirigir motos. O que aconteceu com a pessoa introvertida que eu costumava ser? Fui sequestrado por alienígenas? Eles colocaram um chip em mim quando não estava olhando?

Nada tão complicado (ou excitante), é claro. Tudo o que fiz foi dizer adeus para minhas coisas.

prefiro me arrepender por algo que fiz do que por algo que gostaria de ter feito

O arrependimento que sentimos por não fazer alguma coisa nos causa uma marca muito mais forte do que o arrependimento que temos por fazer algo.

Na psicologia, isso é chamado de Efeito Zeigarnik, e diz que as pessoas se lembram mais de coisas que costumavam ir atrás e deixaram incompletas do que das coisas que completaram. Por exemplo, tenho certeza de que a maioria de nós lamenta não ter dito a uma pessoa que a amava, e esses sentimentos provavelmente ficarão conosco para sempre.

O arrependimento de saber que tivemos medo demais para tentar uma coisa é ainda maior do que o arrependimento pelo fato de não termos tentado fazer alguma coisa.

A lição é clara: se quer fazer algo, a hora é agora, quer termine em sucesso ou em fracasso.

É por isso que escrevi este livro. Posso lamentar mais tarde. Mas tenho certeza de que me arrependeria mais se não o tivesse escrito. Em geral, agir nos leva à felicidade.

minimalistas podem se arriscar

Se deseja manter o padrão de vida que construiu ao longo dos anos e não quer se livrar dos itens que acumulou, você tem que preservar o *status quo*, e isso significa nada de mudanças ou riscos. Quer você ame ou não seu emprego, precisa continuar nele para manter seu padrão de vida e para prosseguir com todas as suas posses. É normal dizerem que você precisa aguentar seu emprego para "colocar comida na mesa" ou "desfrutar das coisas boas da vida". Mas espere. A maioria dessas "coisas boas" e o dinheiro de que precisamos para elas são apenas para exibição. Somos guiados pelo orgulho em vez de pela necessidade.

Tenha menos, seja livre, e você poderá ir para qualquer lugar, onde quiser. Você não se preocupará como os outros o veem, então poderá assumir novos desafios sem ter medo do fracasso. Nossos custos de vida diminuem quando nos livramos de nossos bens, o que significa que temos mais liberdade para escolher nossos empregos.

Eu costumava ficar imobilizado, comparando prós e contras de cada ação. Passava todo o meu tempo procurando o método mais eficiente e mais seguro de atingir um objetivo, mas nunca fazia nada. Agora eu tomo ações. Não me preocupo mais em preservar algum *status quo*. É sério, os minimalistas não têm posses que temem perder. Isso lhes dá otimismo e coragem para assumir riscos.

experiências não podem ser tiradas de você

Talvez o motivo mais importante para sair pelo mundo e se conectar com ele é que as experiências vividas por meio de suas ações nunca poderão ser tiradas de você. Ao contrário de nossos bens materiais, nossas experiências estão dentro de nós e podemos levá-las conosco para qualquer lugar. Não importa o que possa nos acontecer, nossas experiências são apenas nossas.

consigo me concentrar melhor

Consigo me concentrar em ser eu mesmo.
Estou tão orgulhoso do que não faço
quanto do que faço.

Steve Jobs

a lista de afazeres silenciosa

Quando deixamos as coisas para lá, nossa capacidade de concentração melhora. Por que será?

As coisas não se limitam a ficar em seus lugares. Elas nos enviam mensagens silenciosas. E, quanto mais as coisas são negligenciadas, mais forte será a mensagem.

Talvez seja um livro de inglês que larguei antes de chegar na metade. Ele pode estar olhando neste instante para mim, dizendo algo como: "Você parece entediado. Por que não volta a me estudar novamente?". Ou então uma lâmpada queimada que precisa ser trocada: "Não me diga que se esqueceu de comprar outra lâmpada de novo. Por que você não consegue fazer uma tarefa tão simples assim?". Ou a pilha de louça suja: "Lá vamos nós de novo. Não dá mesmo para contar com você para a limpeza."

Recebemos essas mensagens até de coisas que usamos diariamente. Imagine o que sua TV pode dizer para você: "Ah, você tem um monte de coisas gravadas às quais ainda não assistiu. Ah, e talvez seja hora de tirar meu pó."

E seu notebook: "Seria tão bom ter uma impressora como amiga... ah, bem, não importa."

E tem também o sabonete no banheiro: "Com licença, já estou acabando."

E os lençóis: "Sei que está ocupado, mas que tal me dar uma lavada algum dia desses?"

Todas as nossas coisas querem ser cuidadas e nos dizem isso a cada vez que olhamos para elas. Elas começam a formar filas em nossa mente, esperando o momento em que olhamos para elas e escutamos o que têm para nos dizer.

Essa fila de coisas fica cada vez maior conforme adquirimos bens materiais. Chamo isso de "lista de afazeres silenciosa". Claro que nossas coisas não vão literalmente nos dizer para fazer isso ou aquilo. Ao contrário das nossas listas de tarefas reais, não há chefes ou clientes para nos pressionar até que as tarefas estejam feitas. Mas, quando a deixamos sem fazer, a lista de tarefas cresce até ficar imensa.

É natural que quando uma pessoa — uma peça de hardware de cinquenta mil anos de idade — é pressionada para fazer muitas coisas ao mesmo tempo, ela sinta-se bloqueada e paralisada. Suspeito que, quando sentimos que estamos com preguiça ou então desmotivados de executar algo, é porque nossa lista de tarefas é comprida demais ou estamos cercados por tantas tarefas menores que não conseguimos fazer o que realmente importa para nós.

dê às coisas importantes o espaço que importa

Em geral, dizem que alguém que tem a mesa de trabalho bagunçada não é uma pessoa produtiva, e eu acho que o motivo disso é a tal da lista de tarefas silenciosa.

Quando uma mesa está lotada de cartões de visitas, papéis que precisam se arquivados e materiais de referência que precisam ser mandados embora, é basicamente um imensa lista de afazeres silenciosa que destrói nossa concentração. Leva uma eternidade para encontrar qualquer coisa naquela pilha, e enquanto reviramos a bagunça em busca da lista de afazeres real na qual temos de nos concentrar, perdemos o rumo das nossas prioridades.

Neste ponto, a pilha se torna insuportável, nosso respeito próprio despenca, o estresse aumenta, e fugimos para nossos smartphones ou navegamos na internet para ver o que acontece nas redes sociais — estamos presos em um círculo vicioso.

Quando temos menos posses, essas mensagens silenciosas vão, quase naturalmente, começar a diminuir. Sem a bagunça, há menos esforço exigido para priorizar essas mensagens, e se recebemos uma ou duas mensagens, temos capacidade de responder imediatamente.

É por isso que é mais fácil se concentrar quando se tem menos bens materiais. E quando todo esse excesso de mensagens se for, podemos nos concentrar nas coisas realmente importantes que restam.

Lionel Messi é minimalista

O único jeito de se concentrar nas coisas importantes é reduzir as que não são importantes. Como mencionei no capítulo 1, esse é o princípio-guia do minimalismo. E acho que o astro do futebol Lionel Messi é um exemplo de alguém que segue completamente isso.

Messi, que provavelmente entrará para a história como um dos melhores jogadores do mundo, é conhecido por correr distâncias curtas nos jogos. Enquanto jogadores correm cerca de dez quilômetros por partida, a média de Messi é de oito quilômetros.

De fato, é normal vê-lo caminhando no campo durante uma partida. Também há um dado que indica que não só ele caminha rápido para voltar a uma posição defensiva, como tampouco se mata de correr quando vai para o ataque.

Acho que o estilo minimalista de Messi é o motivo pelo qual ele é um dos maiores jogadores do mundo. Ele tem uma imagem clara dos momentos em que precisa de força total para superar seus oponentes. Para ele, a prioridade é marcar o gol. Ele reduz todo o restante para economizar energia e se concentrar no que é importante.

Steve Jobs, o minimalista perfeito

Steve Jobs não era considerado minimalista só porque usava sempre as mesmas roupas e removia os excessos de seus produtos. O minimalismo realmente guiava tudo o que ele fazia.

Dizem que a primeira coisa que Jobs fez quando retornou à Apple foi doar documentos e máquinas antigos, quase cobertos de teias de aranhas, para um museu. Ele começou a se desfazer dos objetos materiais. Queria se concentrar em produzir dispositivos que mudassem o mundo, então se livrou de todo o resto que não era importante.

Ele reduziu o número de participantes nas reuniões da empresa. Se via alguém que achava não ser necessário em determinada reunião, dizia sem hesitar: "Obrigado, mas você não precisa participar desta reunião." Gostava de tomar decisões com o número mínimo de pessoas talentosas.

Ouvi dizer que a Apple respeitava mais as ideias do que os processos, o que segue o mesmo princípio. Em muitas empresas, um designer pode criar um conceito fantástico, que eventualmente terá sua essência diluída ao passar pelos departamentos de marketing, publicidade, vendas, e assim por diante. Jobs desprezava tais processos e se livrou deles. Ele acreditava que, quanto mais assinaturas fossem necessárias para aprovar um projeto, mais entediante a ideia se tornaria, e mais tempo levaria para aquilo se tornar um produto acabado.

Em quase tudo o que fazia, Jobs começou não por priorizar o que devia fazer, mas em se concentrar primeiro no que não fazer. Neste sentido, ele era realmente o minimalista perfeito. Dedicou-se a se livrar de coisas.

a felicidade do fluxo

O psicólogo Mihály Csíkszentmihályi estudou um estado de felicidade, despertada pela concentração, que chamou de *fluxo*. Quando as pessoas estão completamente envolvidas em algo, elas não só são capazes de esquecer os próprios problemas, mas também perdem noção da passagem do tempo. Com mais concentração, até a noção de ego ou de si mesma pode desaparecer. Elas começam a ter uma sensação de contentamento e alegria de viver.

A chave para o fluxo é o sentimento de contentamento com a passagem do tempo. O consumo entretido de um filme ou de uma série de TV pode mascarar a passagem do tempo, mas não leva a um estado de fluxo.

O exemplo de Csíkszentmihályi é o de alguém que toca música, mas, se você já esteve imerso em algo tão complicado que o fez se esquecer de todo o restante, provavelmente você estava em um estado de fluxo.

O fluxo não é algo que alguém pode descobrir. Mas você certamente saberá quando o encontrar, pois será capaz de mergulhar em um estado muito profundo de concentração, no qual jamais conseguiu antes.

Esse nível de concentração é raramente possível até reduzirmos as distrações e coisas desnecessárias. Assim que isso acontecer, nos abriremos à possibilidade do fluxo e podemos seguir adiante para encontrar felicidade.

minimalismo informativo

Seres humanos são hardwares de cinquenta mil anos de idade. Nem nossos cérebros nem nossos corpos evoluíram de modo significativo neste tempo. Ainda que as gerações mais recentes tenham crescido em meio às tecnologias digitais e à internet, isso não significa que de repente nossos cérebros têm mais espaço de armazenamento ou uma memória melhor. Se sobrecarregamos nossos cérebros, travamos — assim como um computador velho.

Reduza suas posses e você receberá menos mensagens delas. Menos memória será necessária para lidar com aqueles itens e seu cérebro será capaz de funcionar com mais conforto. O mesmo pode ser dito para a informação. Gostaria de falar sobre reduzir a quantidade de informação que obtemos — o que chamo de "minimalismo informativo".

recolha sua antena

Você já deve ter ouvido falar em "lixo informativo". Podemos ver algo na internet que chama nossa atenção no início, para mais tarde perceber que não tinha muita importância — se é que já não esquecemos completamente do assunto. Consumir lixo informativo em *excesso* leva a um estado de "síndrome metabólica informativa". Pesquisas demonstraram que pessoas sobrecarregadas com excesso de informação se saem pior em testes cerebrais do que quando fumam maconha.

A questão agora não é a quantidade de informação que podemos obter, mas como nos distanciamos desse fluxo e diminuímos a quantidade de informações inúteis em tal período.

A quantidade de informação disponível continua a crescer em taxas explosivas. Se você tem um smartphone, então é provável que olhe seu e-mail quase sem perceber, e então se pega clicando em vários links ou talvez em algum joguinho, por horas sem fim. Em vez de ampliar o alcance de sua antena, a coisa mais importante a se fazer é recolhê-la e reduzir a quantidade de informação absorvida.

Um jeito de recolher a antena é simplesmente diminuir suas oportunidades de acessar informação. Com frequência ouvimos sobre a exaustão que a dependência das redes sociais causa ou sobre o estresse de estarmos sempre conectados. O livro *Digital detox no susume* (Recomendações para o detox digital), de Tomohiko Yoneda, oferece exemplos interessantes de formas de desconectar. Existem hotéis com planos de detox digital, nos quais você entrega o smartphone e o notebook ao fazer o check-in. Há bares livres de smartphone, onde você pode simplesmente se concentrar em conversar com outras pessoas enquanto toma uma bebida. A Volkswagen baniu a comunicação por e-mail entre seus funcionários tarde da noite ou no início da manhã, e a Daimler introduziu um sistema no qual e-mails enviados aos funcionários durante suas férias são automaticamente apagados. Essas empresas estão tentando reduzir a sobrecarga de informação em favor da vida pessoal de seus funcionários.

meditação, zen e ioga

Muitos minimalistas meditam e praticam zen ou ioga, o que é muito natural se você pensar no assunto. Quando diminui o número de bens materiais que possui, você se torna menos distraído pelos arredores e sua consciência naturalmente se volta para dentro.

Eu costumava ter um certo preconceito contra meditação — tinha a sensação incômoda de que era coisa da Nova Era. Tive a oportunidade de participar de uma sessão zen com o monge Ryunosuke Koike. Foi incrível. A meditação se tornou um hábito.

Vários pensamentos passam pela sua mente quando você medita. Você se foca nestes pensamentos e se concentra em simplesmente respirar. Seu poder de concentração começa a melhorar, convertendo-se em uma segunda natureza, até mesmo quando você não está meditando. Você aprende a reconhecer e direcionar os rumos dos seus pensamentos. Para mim, o zen e a meditação melhoram tanto meu estado mental que foi como se estivesse reinstalando meu sistema operacional pessoal. O Google e o Facebook também investem pesado no zen e na meditação. O Google organiza workshops de meditação, e ouvi dizer que até criaram labirintos para meditar caminhando nos escritórios.

É fácil se afogar no fluxo de informação ao nosso redor. Tirar um certo tempo para reflexão interna, praticando atividades como meditação, zen e ioga pode ajudar muito.

use o minimalismo para se concentrar em ser você mesmo

Acredito que, desde que me tornei minimalista, a névoa que sempre envolveu meus sentidos embotados começou lentamente a se dissipar.

Eu era um estudante universitário sem foco. Lia e assistia a todo tipo de coisa, desde que tivessem recebido boas críticas. Estudava grandes autores e grandes obras, mas não estava fazendo realmente minhas próprias escolhas; apenas consumia informação ao acaso. Tudo isso, acho, começou a mudar.

Ao minimizar minhas posses, também comecei a minimizar a informação que recebia. Não acompanho mais notícias inúteis ou comédias de stand-up aleatórias. Não tento preencher minhas conversas com coisas que outras pessoas fazem ou dizem. Em vez de me focar nas vozes dos demais, foco e acredito na voz vinda de mim. O que sinto frequentemente agora é que estou "retornando" para mim mesmo.

Costumava sentir que tantas coisas incríveis já tinham sido feitas no mundo que já não havia nada que eu pudesse acrescentar. Ficava tão preocupado com o que as pessoas iriam pensar que desenvolvi um medo exagerado de cometer erros. Se eu tinha uma grande ideia, apenas a rejeitava porque tinha vindo de mim.

Eis o que imagino: costumava existir um outro eu que vivia dentro de mim. Ele tinha o mesmo tamanho, formato e forma física que o meu eu atual. Mas, quanto mais preocupado ficava com o mundo exterior, menor ficava internamente. Mas agora sinto como se meu pequeno e velho eu finalmente tivesse sumido. O minimalismo me deu o foco para reviver meu eu interior.

economizo dinheiro e me importo
mais com o meio ambiente

Para ser esperto o bastante para
conseguir todo esse dinheiro, você deve ser
tolo o bastante para querê-lo.

Gilbert Keith Chesterton

custos mínimos do minimalismo

O minimalismo é um jeito muito eficiente de cortar custos. Economizamos dinheiro de várias formas quando nos tornamos minimalistas e, em alguns casos, até ganhamos mais dinheiro.

1. Ter menos bens materiais significa que não precisamos morar em uma casa grande, o que significa menos gastos com moradia;
2. Vender algo que eventualmente colecionamos até hoje vai nos trazer algum dinheiro;
3. Ficamos mais seletivos ao comprar algo, o que significa menos dinheiro gasto em compras supérfluas;
4. Ficamos satisfeitos com as coisas que já temos, o que nos leva a desejar menos posses no futuro;
5. O minimalismo reduz o estresse, o que nos ajuda a eliminar os custos de comida e bebida que existiam anteriormente só para aliviar o estresse;

6. Não ficamos tão preocupados com o modo como os outros nos veem. O resultado é que não precisamos gastar mais do que é realmente necessário em casamentos, itens para as crianças, funerais e outros eventos;

7. Usar o minimalismo no trabalho certamente levará a mais eficiência e a uma renda maior.

o minimalismo levará ao colapso da economia?

Alguns se preocupam com os riscos potenciais para a economia se mais e mais pessoas se tornarem minimalistas. Mas o minimalismo não é tão simples assim. Claro que há minimalistas que não se importam com bens, mas há também aqueles que adoram objetos materiais. Pegue um jogo de jantar, por exemplo. O foco de uma pessoa pode estar no custo-benefício — ela pode ser perfeitamente feliz com um jogo de jantar das lojas mais baratas —, enquanto outra pessoa vai querer usar um item maravilhoso criado por um mestre artesão.

Sou um desses minimalistas que adora coisas. Folheio uma revista e ainda gosto de ver todas as coisas que gostaria de ter. A única coisa que mudou é que não compro coisas *só* porque as desejo. Certamente fiquei mais cuidadoso sobre como gasto meu dinheiro, mas ainda gasto dinheiro no fim.

Por exemplo: comecei a gastar mais dinheiro em experiências e em pessoas do que em objetos materiais.

Eu gostaria de viajar e passar mais tempo em contato com a natureza. Gasto dinheiro em transporte para ver as pessoas que quero ver. Ajudo projetos de financiamento coletivo que considero interessantes. Se vejo pessoas procurando novas formas de vida, contribuo diretamente com elas.

O minimalismo é muito eficiente em cortar custos, mas não se limita apenas a isso. Podemos mudar o modo como usamos nosso dinheiro — podemos nos afastar das coisas que são apenas para exibição, e em vez disso investir em experiências, em pessoas e em novas iniciativas. Podemos gastar nosso dinheiro no que realmente é importante.

minimizar nosso desperdício

Depois de descartar várias das minhas posses, me peguei querendo minimizar a quantidade de desperdício que crio no dia a dia. Costumava ter dúvidas sobre o LOHAS (sigla para *Lifestyles of Health and Sustainability*, estilo de vida de saúde e sustentabilidade) e ecoatividades, mas o minimalismo mudou meu jeito de pensar. Eu costumava comprar garrafas de água de dois litros, mas com esse sentimento incômodo de desperdício, comecei a usar um sistema de filtragem em casa. Tentei usar uma lâmpada solar à noite, que pode ser carregada no sol durante o dia. Ao viver com menos coisas, tenho menos aparelhos elétricos, e minha conta de luz despencou.

Agora quero manter as contas de gás e água no mínimo também. Quando se leva uma vida cercado apenas pelas coisas que são realmente necessárias, você tende a desenvolver o desejo de reduzir tudo mais que tampouco é essencial — como lixo e energia — e simplesmente viver de um jeito mais compacto.

Os recursos que temos em algum momento vão se esgotar. Discussões sobre os recursos do planeta em geral mencionam mais um século de produtividade mineral. Não estaremos por aqui em três gerações, mas isso não significa que não precisemos nos preocupar com o futuro. Os ensinamentos dos nativo-americanos dizem que, quando algo precisa ser decidido, é necessário considerar as sete próximas gerações — o que parece fazer muito mais sentido.

Ao se tornar um minimalista, a energia que você usa também se tornará mínima. Você não precisará tentar conduzir uma vida ambientalmente amigável — isso acontecerá naturalmente. Ao minimizar suas posses e se acostumar a uma vida focada e simples, você descobrirá que o peso sobre seus ombros se tornará mais leve e viverá de um modo mais gentil em relação ao meio ambiente. E sabe o quê? Isso dá uma sensação muito boa.

estou mais saudável e mais seguro

Uma mesa, uma cadeira, uma travessa
de frutas e um violino: do que mais
um homem precisa para ser feliz?

Albert Einstein

minimalismo e alimentação

Já conheci muitos minimalistas, mas nenhum deles (pelo menos até agora) tinha sobrepeso. Eu me pergunto por quê. Li em vários livros sobre organização que a perda de peso é o resultado de descartar as coisas extras. Desde que me tornei minimalista, perdi cerca de dez quilos. Muitos outros descreveram esse efeito, observando que, quando as coisas que estão presas ao seu redor começam a serem removidas, seu *chi* — a força vital que flui através de tudo — flui melhor, e isso o faz emagrecer. Acho que há outras coisas, mais específicas, que acontecem também.

Acredito que há vários motivos pelos quais você pode perder peso ao se livrar de seus bens. Com frequência ganhamos peso porque comemos mais do que o corpo necessita. Talvez estejamos comendo demais para aliviar o estresse. Conseguimos esquecer os problemas enquanto comemos. O mesmo certamente vale para a bebida.

Quando diz adeus para suas coisas, você tem menos estresse porque todas aquelas coisas que absorvem sua energia não estão mais por perto. Ao não se comparar com os outros, você vai aliviar ainda mais o estresse. E terá menos motivos ainda para recorrer à comida e à bebida.

ganhar uma consciência clara do nosso desejo de comer

Quando reduzimos nossas posses ao mínimo, temos uma consciência mais clara e melhor dos nossos desejos. Quais são as coisas necessárias e quais são as coisas que simplesmente queremos? A linha entre essas categorias se torna clara, e isso não se aplica só aos objetos. O mesmo vale para nosso desejo de comer. É mais fácil ver a quantidade de comida que realmente é necessária, e o resultado é que não comemos mais do que precisamos. Ter apenas as coisas de que necessitamos em casa afina nosso sentido que diz *já é o bastante para mim*, e podemos nos satisfazer sem quantidades imensas de comida.

Existe uma dieta no Japão chamada dieta *choko-maka* (dieta inquieta), que significa literalmente se mexer continuamente, andando de um lado para o outro para gastar calorias. Talvez seja porque meu apartamento ficou mais espaçoso e gosto de fazer o trabalho doméstico que esses pequenos passos levaram à perda de peso. Com frequência, gosto de fingir que sou o lançador de um time de beisebol e pratico lançamentos no meu apartamento espaçoso e sem móveis.

A redução das coisas que carrego comigo por aí também me fez ser mais ativo, então caminho muito mais do que antes. Pode parecer simples demais para ser verdade, mas eu realmente acho que dá para perder peso quando nos livramos de nossas coisas. Costumava ter sobrepeso. Mas não acho que passarei por isso novamente.

o perigo das coisas em um desastre natural

Ouvi dizer que, no Japão algumas pessoas sem teto se preocupam de verdade com quem tem uma casa. Elas acham que, embora não possam ser seriamente afetadas em um acontecimento como um terremoto, isso pode ser devastador para alguém em uma casa. Um abrigo feito de papelão pode despencar em um terremoto, mas não vai causar muito mais dano do que um galo na cabeça. Uma casa que desmorona em geral leva a vida dos moradores consigo. Quanto maior a casa, pior é o desmoronamento.

Um grande terremoto ocorreu em Tóquio em maio de 2014. Já fazia um tempo que esse tipo de evento não acontecia. Foi de grau quatro, na escala sísmica japonesa que vai de zero a sete. No passado, costumava dar um pulo do meu futon e me proteger contra objetos caindo em cima de mim — meu computador, as roupas penduradas pelo apartamento e um monte de outras coisas —, mas, quando o terremoto ocorreu, já tinha me livrado de um monte de objetos, então não havia muito o que fazer. A sensação de segurança que senti naquele momento foi um pouco desorientadora.

Com menos posses, havia menos coisas que podiam voar em cima de mim. Na época do Grande Terremoto do Japão de 2011, tinha uma estante de livros imensa no corredor e vários deles vieram abaixo. O dano na área de Tóquio foi leve naquele evento, mas e se o grande terremoto tivesse atingido a cidade diretamente? É provável que minha estante inteira tivesse despencado no chão e poderia ter me impedido de sair do apartamento. Ou então minhas câmeras fotográficas podiam ter acertado diretamente minha cabeça. Meus objetos favoritos — todos aqueles livros e câmeras — podiam ter me matado.

Acho que também precisamos nos recordar de que o tsunami que atingiu o norte do Japão durante o Grande Terremoto engoliu os álbuns de fotos das famílias e todas as memorabilias importantes. Ao salvar nossas lembranças preciosas digitalmente, não apenas em HDs mas em backups de dados on-line como Dropbox ou Google Drive, não acabamos perdendo estes momentos importantes na ocorrência de um desastre imenso.

É claro que o Japão não é o único lugar em que ocorrem desastres naturais. Talvez você viva em uma área em que ocorram tornados, furacões e até mesmo incêndios florestais. Em todos estes casos, suas coisas podem repentinamente se tornar perigosas.

Não é uma boa ideia reduzir o que você tem? Quanto menos tiver, menos será destruído em um desastre, e menos você terá de fazer para se preparar para um desastre.

não precisamos nem de quarenta segundos para nos aprontar

Não importa o que aconteça, sempre consigo sair de casa enquanto estiver seguro fisicamente. Levei menos de meia hora para mudar para meu apartamento e não tenho mais nada importante em casa. Tudo o que tenho são coisas que posso comprar novamente em qualquer lugar, e não há nenhuma recordação da qual sentirei falta se for perdida.

No filme *O castelo no céu*, de Hayao Miyazaki, o pirata Dola diz para Pazu se preparar em quarenta segundos. Em *A guerra dos mundos*, de Steven Spielberg, Tom Cruise grita para os filhos se aprontarem em sessenta segundos, para que possam escapar do ataque dos alienígenas. Não preciso de tanto tempo. Sempre tenho meus objetos de valor e uma muda de roupa em uma mochila que consigo até embarcar em um avião para o exterior se necessário. Consigo sair da cama, pegar a mochila, me aprontar e sair pela porta em vinte segundos.

Como menos posses, há menos riscos de danos em um desastre natural. Há menos riscos em qualquer tipo de situação, e você consegue se locomover com agilidade, independentemente do que possa acontecer. Essa sensação de segurança nos energiza, e reduz ainda mais os níveis de estresse.

meus relacionamentos interpessoais
são mais profundos

O valor de um homem deve ser medido pelo
que ele dá e não pelo que é capaz de receber.

Albert Einstein

não veja as pessoas como objetos

Meus livros favoritos do Instituto Arbinger falam sobre como sair da nossa própria caixa. Em resumo, eles explicam como relacionamentos pessoais podem ser atrapalhados e como é possível colocá-los de volta aos trilhos.

Há um exemplo que sempre aparece. Dizem que há um casal que trabalha fora e está sempre ocupado. O marido vê um monte de roupa suja que precisa ser lavada e pensa em lavá-la para que a esposa não precise fazer isso. Mas então muda de ideia e decide deixar essa tarefa para lá. Essa rejeição momentânea de seu pensamento é chamada de autotraição. Ele traiu o sentimento de consideração que surgiu naquele momento pela esposa.

O marido então começa a pensar que é mais ocupado do que a esposa. Ele está mais cansado do que ela. Ele lava a roupa mais vezes que ela. Então, seus pensamentos se voltam contra a mulher: ela é preguiçosa, nunca o agradece por cuidar das roupas e não é boa esposa. Como ele traiu o pensamento inicial de consideração, começou a justificar sua inação, o que o levou a sentimentos ruins em relação à mulher que ama.

Enquanto isso, a esposa lava as roupas e decide estendê-las, mas não sem antes notar e reclamar que o marido não fez nada a respeito... e o ciclo continuará. Os dois lados justificarão suas ações e culparão o outro, o que só levará a mais tensão no relacionamento deles.

A série de livros é realmente maravilhosa e a reco-mendo muito. Uma das conclusões é que não devemos enxergar as pessoas como objetos. É fácil considerarmos os membros da nossa família, colegas de trabalho e vizinhos como objetos fixos. Nossas conversas rotineiras com eles fazem com que todos sejam como robôs sofisti-cados ou coisas interativas. E, uma vez que começamos a enxergá-los como coisas, vamos começar a tratá-los sem muita consideração.

Quando isso acontece, nossos relacionamentos inter-pessoais se tornarão estagnados, sem espaço para melhorias. Relacionamentos mais profundos só são possíveis se vemos cada pessoa como um ser humano de verdade, com os mesmos desejos, preocupações e temores. Com mais tempo e menos estresse, podemos parar de trair nossos impulsos e agir para o bem dos demais. Podemos começar a ver as pessoas como pessoas em vez de como objetos.

menos posses significam menos disputas

Considere que as roupas para lavar se tornem a causa de atrito entre um casal. E se eles tiverem menos roupas? E se cuidar da roupa suja se tornar uma tarefa muito mais fácil?

Ao me livrar das minhas posses, comecei a amar o trabalho doméstico, desde lavar a roupa até limpar a cozinha. Eu, o rei da preguiça. Simplesmente porque essas tarefas se tornaram muito mais fáceis.

Tenho 35 anos e sou solteiro, mas sei que continuarei a amar as tarefas domésticas enquanto continuar a morar em uma casa pequena e com poucas coisas. Nos meus sonhos mais loucos, consigo até ver minha futura esposa limpando as coisas com um trapo e eu pensando: "Ei, isso não é justo! Lá está ela de novo, limpando a casa. Eu queria fazer isso."

Os minimalistas que entrevistei me disseram que se livrar de seus bens resultou em menos discussões em seus lares. Ofumi confirmou que ela e o marido se dão muito melhor desde que disseram adeus para as coisas extras.

Yamasan também contou uma história interessante: quando seus dois filhos tinham quartos separados, com frequência brigavam sobre qual quarto queriam, mas aquilo parou quando ela lhes falou que teriam de dividir um único quarto. Ela disse que, na verdade, eles preferem dividir um quarto e que até a agradeceram por isso.

Quanto mais posses materiais você tem, mais energia precisa para lidar com os afazeres domésticos cotidianos. Você fica estressado e depois frustrado, e é provável que queira culpar alguém que não esteja ansioso por ajudar. Pensará neles como robôs que deviam trabalhar tanto quanto você. Descarte suas coisas o máximo que puder, e seus relacionamentos se tornarão mais profundos. Haverá menos coisas para causar frustrações e atritos.

as vantagens de uma casa pequena

Pense nos benefícios de uma casa pequena. Primeiro, dizem que casas pequenas ajudam a evitar crimes. Casas em que as pessoas podem ir para seus quartos sem encontrar nenhum outro membro da família, ou casas imensas nas quais os moradores não têm ideia do que está acontecendo em outras partes ou andares, podem ser perigosas.

Há também vantagens para a vida cotidiana. Embora exista uma tradição forte de dar para as crianças seus próprios quartos, acho que crianças que estudam na sala de casa provavelmente serão menos propensas a considerar outras pessoas como distrações irritantes quando crescerem.

Numahata, com quem tenho um site, diz que às vezes discute com a esposa. Mas diz que há uma regra que nunca quebram: eles nunca dão as costas um para o outro e vão para o próprio quarto. Ao viver em uma casa pequena, em geral é simplesmente impossível fugir para o próprio quarto. Você não tem opção além de encarar o problema e entender um ao outro até encontrar uma solução.

Uma casa pequena pode parecer que não tem vantagens, mas, na verdade, produz efeitos positivos nos relacionamentos interpessoais, e é menos cara para se manter. Ao se livrar de seus bens materiais, você se abre à possibilidade de uma casa menor e de todas as suas vantagens.

minha teoria "família + TV"

Quando você se encontra com parentes que não via há um tempo, às vezes pode ser difícil achar assuntos em comum para conversar. É nesse momento que a televisão pode ser útil. Você liga a TV e rapidamente encontra algo sobre o que falar. Chamo isso de teoria "família + TV".

Infelizmente, não posso usar essa teoria no meu apartamento. Não tenho uma TV — as únicas coisas que tenho são um quarto e uma sala. Não há nada espetacular no meu piso e mal tenho alguma coisa nos aposentos, o que pode deixar alguns convidados desconfortáveis na primeira visita. Eles não podem olhar por aí e comentar a decoração interessante ou perguntar onde comprei meu sofá. Não posso ligar a TV e usar a estratégia "família + TV", e não tenho jogos que possamos jogar juntos. Tudo o que posso fazer é servir chá e conversar.

Mas tomar chá é uma atividade apropriada em visitas familiares — a essência do chá é para a pessoa que bebe e para a pessoa que serve pensarem uma na outra. Minha sala é basicamente um salão de chá. Assim como os salões usados para as cerimônias de chá japonesas, a única coisa que podemos fazer é encarar um ao outro, mesmo se as palavras não surgirem com facilidade. Ninguém fica zangado se não tem TV ou rádio na sala da cerimônia do chá. Tudo o que você pode fazer é beber seu chá e conversar sobre os pensamentos que passam pela sua mente.

o segredo para o casamento feliz

Perdi as contas das vezes que visitei a casa de um minimalista e conversei em um lugar sem bagunça. Nós nos concentramos um no outro e conversamos sem termos sido distraídos por algo. É o oposto de uma cena que vejo com frequência: duas pessoas sentadas em uma mesa, com uma delas ou ambas mexendo nos smartphones. Não tenho certeza se estão brincando com joguinhos ou se acreditam que os amigos nas redes sociais são mais importantes do que a pessoa que está diante delas, contudo acho que relacionamentos vão mudar a pessoa para melhor se a pessoa começar a se concentrar em gente de verdade.

Ouvi dizer que o segredo para um casamento feliz é simplesmente conversar muito com o parceiro. Um estudo mostrou que casais felizes no casamento conversam um com o outro cinco horas a mais por semana do que casais que não são felizes. Se as pessoas estão ocupadas cuidando de seus objetos, brigando por eles, passando tempo em ambientes separados ou assistindo muito à TV, elas naturalmente terão menos tempo para conversas.

pessoas são apenas seres humanos

Acho que minha autoconsciência mudou bastante desde que me desprendi de minhas coisas. Sou um cara comum que possui muito pouco e anda por aí com uma roupa normal, quase como um pato ou um tartaruga que fica nadando em um lago só levando a vida.

Ao pensar em mim mesmo apenas como outro ser humano, minha perspectiva sobre os demais também mudou. A inveja que sentia quando via alguém com muito dinheiro, bens ou talento, e o desprezo que tinha por aqueles que têm muito pouco — todos estes sentimentos começaram a desaparecer.

Agora posso me encontrar com pessoas que possuem muitas coisas ou são abençoadas com um talento imenso sem sentir vergonha de mim mesmo. Não culpo mais aqueles que têm pouco de não se esforçarem o suficiente. Ninguém é melhor porque tem ou não tem muito. Rico ou pobre, famoso ou não, somos todos seres humanos que entram em contato uns com os outros. Meu relacionamento com as pessoas se tornou mais genuíno desde que comecei a pensar desta forma.

Agora consigo ver alguém simplesmente como outro ser humano, sem classificar essa pessoa pelo que ela possui. Como resultado, não acho que voltarei a sentir vergonha de mim mesmo quando encontro alguém.

e se você tivesse cem amigos?

Ouvi algo interessante de uma pessoa que sempre me ajuda no trabalho. É um homem maravilhoso que tem um sorriso gentil e uma personalidade encantadora. Ele mencionou que, quando decide fazer uma festa de aniversário, cem amigos aparecem para comemorar. Todo mundo leva uma garrafa de vinho, a bebida favorita dele.

Não tenho tantos amigos e senti inveja de verdade quando ouvi isso. Com tantos amigos que amam você e estão ansiosos para celebrar com você, é provável que nunca se sinta sozinho, e sabe que sempre há muita gente em quem confiar quando tiver um problema.

Mas o homem também me disse que só comemora o aniversário de outra pessoa mais ou menos uma vez a cada três anos. Acho que, se alguém tem cem amigos, estes amigos também vão querer que essa pessoa celebre com eles — o que quer dizer que, sim, provavelmente você terá uma festa ou outra a cada três dias.

e se você tiver alguns poucos amigos de verdade?

Há um ditado que diz que só precisamos realmente de três amigos ou colegas de verdade. Claro que, se você se encontrar com cada um destes amigos próximos uma vez a cada fim de semana, todos os meses serão profundamente satisfatórios. Tendemos a pensar que é melhor ter muitos amigos e conexões, mas se tem tantos amigos que não consegue dar atenção para cada pessoa, qual o significado de construir estes laços?

Por que não tentar minimizar nossos relacionamentos superficiais para poder dar a cada um de nossos amigos a atenção e o respeito que eles merecem? Do mesmo jeito que objetos materiais realmente necessários sempre dão um jeito de voltar para nós, uma amizade profunda e de coração sempre pode ter conserto.

Dito isso, não devemos exagerar em minimizar nossos relacionamentos. No filme *Na natureza selvagem*, o protagonista Chris McCandlesse nos deixa com palavras pelas quais acho que vale a pena viver: "A felicidade só é real quando é compartilhada."

a ilha onde as pessoas vivem mais tempo

Como McCandless nos ensina, o importante na vida é ter relacionamentos com pessoas com as quais podemos compartilhar felicidade. Também é sabido que pessoas felizes vivem mais. O psicólogo Ed Diener ressalta, com base em suas análises, que as pessoas que têm um sentimento mais forte de felicidade vivem 9,4 anos a mais na média.

A Sardenha, uma bela ilha italiana, é onde as pessoas vivem as vidas mais longas do mundo — 2,5 vezes mais do que a média global, com um a cada quatro mil habitantes com mais de cem anos de idade. Há uma vila na Sardenha onde vivem os irmãos mais velhos do mundo, como reconhecido pelo Guinness World Records. É uma vila onde a maioria dos moradores é parente entre si em algum grau e todos se conhecem, e onde os relacionamentos interpessoais são fáceis, e a vida diária é confortável. Familiares e parentes vivem perto o bastante para que as pessoas se juntem sempre que desejam, e claro que todos contam com apoio constante dos vizinhos. É uma comunidade cheia de amor que apoia a longevidade. As vilas em Okinawa, no Japão, que também são conhecidas por sua longevidade, também têm uma cultura na qual todo mundo que você conhece é considerado irmão ou irmã. Pessoas mais velhas ficam de olho nas crianças da vizinhança, e as pessoas nutrem relacionamentos de confiança e valorizam o sentimento de comunidade.

Quanto mais feliz uma pessoa é, mais tempo ela vive. Quando você olha para pessoas que desfrutam de vidas longas, quase nunca falha o fato de que ótimos relacionamentos foram nutridos entre elas. Você não precisa ter cem amigos. Há pessoas que não têm família.

Mas resultados de pesquisas indicam que laços entre vizinhos e amigos queridos são indispensáveis para a felicidade.

neurônios-espelho e gentileza inata

Mahatma Gandhi, que ensinou sobre a não posse, disse: "O serviço prestado sem alegria não ajuda nem o servidor nem o servido. Mas todos os outros prazeres e posses se transformam em nada diante do serviço prestado com um espírito de alegria."

Mesmo que não possamos servir aos outros, como Gandhi fez ao longo de sua vida, é verdade que experimentamos uma sensação de alegria quando fazemos algo por outra pessoa. Mas por que isso acontece?

A ciência começa a nos mostrar que fazer algo por outra pessoa pode realmente levar à felicidade. A descoberta dos neurônios-espelho é um bom exemplo. Você não sente dor quando vê alguém sendo machucado? Quando vê uma pessoa cair? Os cientistas levantaram a hipótese de que os neurônios-espelho são o que nos faz sentir como se experimentássemos algo só de ver as ações ocorrendo com outra pessoa.

Esse pode ser o motivo de ficarmos totalmente absortos em um romance, uma história em quadrinhos, a novela na TV ou um filme. Sentimos tristeza quando o personagem experimenta tristeza, e ficamos felizes quando assistimos a um final feliz.

Há também outros sistemas que nos fazem ser empáticos com os outros. Suponha que você veja uma cena em um vídeo no qual um grande número de pessoas está lutando para salvar uma criança que foi levada pela correnteza do rio. Só de ver esta cena, você se emociona e pode até derramar uma lágrima. Isso não é porque tem um coração mais gentil que o normal.

O fato de ver pessoas ajudando às outras faz com que endorfinas — neurotransmissores que nos trazem alegria — sejam liberadas no cérebro. E não é só de assistir; podemos também nos sentir felizes ao agir. Por exemplo, todos já sentimos uma sensação boa quando oferecemos o assento para um senhor de idade ou uma mulher grávida, ou quando vemos uma pessoa derrubar algo na rua e devolvemos o item para ela. Esta sensação vem das endorfinas liberadas dentro de nós.

De certa forma, somos basicamente equipados para ser empáticos com os outros, porque nos sentimos felizes quando somos gentis com alguém. Como somos animais sociais que vivem em bando, somos programados para compartilhar felicidade quando fazemos algo para outra pessoa.

Quando reduzimos o número de coisas que temos, podemos devotar mais tempo e energia para nossos relacionamentos interpessoais.

Você não precisa depender de suas posses para ser feliz porque já estamos equipados com sistemas que nos fazem sentir felicidade simplesmente nos conectando com quem está ao nosso redor.

sinto gratidão verdadeira

Só há dois jeitos de viver a vida.
Um é como se nada fosse um milagre.
O outro é como se tudo fosse.

Atribuído a Albert Einstein

a gratidão que vem de ter menos posses

Certo tempo atrás, durante meu processo de minimização, me livrei de vários pertences, o que deixou meu apartamento bastante vazio. Deitado na cama, experimentei uma estranha e nova sensação: por algum motivo, me senti repleto de gratidão por todas as coisas que ainda tinha.

Era algo que não sentia quando estava sempre comprando mais. Naquela época, estava sempre tão preocupado com o que eu não tinha que nunca pensei em ser grato pelo que tinha. Tinha uma cama, uma escrivaninha e até um ar-condicionado. Podia dormir bem, tomar um banho, preparar minhas refeições e desfrutar dos meus passatempos favoritos. Era um apartamento onde eu podia relaxar em paz.

Mesmo assim, todas aquelas coisas bloqueavam minha gratidão. Quando teria tempo para agradecer minha TV, meus jogos, meu velho gravador de Blu-ray, meu *home theater*, todos os controles remotos e tudo mais? A gratidão só se torna possível quando você não tem muitas posses. Eu me tornei grato por ter um telhado sobre minha cabeça que me protegia do vento e da chuva.

só a gratidão pode competir com o tédio

A gratidão é a única coisa que pode prevenir o ciclo da familiaridade que leva ao tédio sobre o qual escrevi anteriormente. A gratidão nos permite ver nossa vida cotidiana de uma nova perspectiva — não continuamos a considerar as coisas como garantidas se nos tornamos cientes do nosso apreço por elas. Por meio da gratidão, podemos criar estímulos sustentáveis que nos dão muito mais paz do que o estímulo recebido ao comprar algo novo ou em aumentar nosso estoque.

Podemos acumular quanto quisermos, mas sem gratidão só acabaremos entediados com tudo o que obtivemos. Por outro lado, podemos conquistar uma alegria verdadeira com poucas posses, desde que as tratemos com gratidão.

o cântico das cinco reflexões

Há um cântico budista recitado antes das refeições chamado *Gokan no Ge*, ou as Cinco Reflexões.

1. Reflita sobre o alimento que chegou até você — como esse alimento cresceu, seu preparo e como chegou até você como refeição;

2. Reflita sobre suas virtudes e condutas. Você é digno desta refeição?;

3. Concentre-se apenas na refeição diante de si, sem pressa, e sem pensar em outras coisas;

4. Coma, não a partir de uma perspectiva gourmet, considerando se a refeição é saborosa, mas simplesmente para apoiar sua vida;

5. Coma para ser capaz de perseguir os objetivos que quer conquistar.

É um cântico poderoso. Dizer esse cântico antes de mil refeições o deixará mais rico, com uma sensação de mais satisfação do que se comesse uma refeição de 500 dólares em um restaurante por mil vezes.

Dizem que Steve Jobs se olhava no espelho toda manhã e se perguntava se gostaria de cumprir sua agenda se aquele fosse o último dia de sua vida. Ele continuou a fazer isso por 33 anos, para verificar se em algum momento saía dos trilhos. As Cinco Reflexões são outra forma de verificar nossa conduta diariamente.

Não sou mais um cliente gourmet de restaurantes. Por favor, não me entenda mal. Ainda adoro uma boa refeição e valorizo bons ingredientes. Mas, agora, passo menos tempo procurando on-line grandes pratos para comer. Não estou mais preocupado se as pessoas não me acham um especialista da boa culinária. Enquanto me lembrar de ser grato pelo meu alimento, posso me concentrar em qualquer coisa que me seja servida e apreciar aquilo.

gratidão não é um método

O sentimento de gratidão é poderoso. É provável que tenha aprendido sobre a importância da gratidão no ensino fundamental, mas isso saiu completamente da minha mente. É como se eu tivesse feito um grande desvio antes de perceber a importância de uma palavra tão simples e singela.

Decidi que sentir gratidão seria um hábito. Me decidi e disse para mim mesmo que deveria me lembrar de ser grato por tudo. Achei que podia tornar a gratidão um método.

Com isso em mente, fiquei surpreso quando li um livro de Mitsuro Sato chamado *Kamisama tono Oshaberi* (Conversas com Deus), que explicava que só dá para sentir gratidão verdadeira quando se é feliz.

Vamos tentar imaginar uma situação em que tenhamos vontade de gritar "Sou feliz!". Mergulhado em uma banheira ao ar livre, em um belo hotel, com uma refeição fabulosa esperando por nós? Acho que é o tipo de situação na qual certamente nos sentiríamos felizes.

É fácil se concentrar em sentimentos de gratidão quando se está em um hotel incrível, uma bela refeição e acomodações maravilhosas. Eu provavelmente não poderia deixar de murmurar para mim mesmo que sou feliz em uma situação dessas, e certamente haveria um senso de gratidão nisso.

Percebi então que a gratidão não é um método. É uma parte da felicidade — é a felicidade em si. Estudos em psicologia têm mostrado que, quanto mais as pessoas têm a chance de ser gratas mais felizes elas são. Isso não é tão surpreendente quando consideramos que gratidão é felicidade.

sentir gratidão agora

Como falamos na seção anterior, só podemos experimentar o presente. Não podemos reviver o passado com nitidez, e não é possível se lançar no futuro. Só sentimos o que está acontecendo agora, e tudo está no presente. E se combinarmos isso com uma perspectiva afirmativa repleta de gratidão?

Vamos tentar por um minuto. Vamos tentar apreciar o presente.

É meia-noite. Estou sentado no restaurante de uma cadeia de restaurantes. Está solitário porque sou o único cliente no lugar... mas, espere... O lugar está aberto até tarde só por minha causa. Estou usando minhas roupas de sempre... mas elas são confortavelmente maravilhosas, não importa quantas vezes eu as use. O garçom foi seco comigo... mas trouxe rapidamente minha refeição e até me desejou um bom proveito. O banquete do qual estou participando é entediante... mas sou grato por estar sentado aqui por horas sem ficar dolorido. A estação de bebidas é a mesma de sempre... mas posso tomar quantas xícaras de café eu quiser, e as xícaras e os copos estão sempre arrumados e limpos. Saio do restaurante e sinto um pouco de inveja de todos os casais que passam por mim... mas tenho muitas lembranças maravilhosas também.

Ou talvez eu esteja na estação de trem. É meu caminho normal para o trabalho, e estou um pouco cansado dele. Estou preso atrás de alguém que está com problema no cartão de transporte. É provável que ele tenha se esquecido de carregar o cartão... mas esses cartões são realmente incríveis. São uma invenção maravilhosa, tão convenientes, e podemos até mesmo usá-los para comprar coisas nos quiosques. Duas pessoas estão paradas, conversando em um dos lados da escada rolante, enquanto eu tento passar... mas é bom ver que elas deixaram um lado aberto para que os apressados possam ir em frente. Como sempre, o trem está totalmente lotado... mas, espere, agradeço por ter muita gente por aqui. Estou feliz por não ser o único sobrevivente de algum mundo condenado que vemos em filmes apoca-lípticos. Está tão quente hoje, mas, assim que chegar ao escritório, os ares-condicionados e os ventiladores estarão funcionando com força máxima. O trabalho normal me aguarda... mas é divertido e gratificante se eu me concentrar. Aquela única pessoa que não suporto certamente vai ligar para reclamar de novo... mas acho que é outra chance de aumentar minha experiência e minhas capacidades. Provavelmente a outra pessoa também está cansada. Eu gostaria que meus subordinados fossem mais independentes... mas eles são rápidos em aprender e sem uma palavra de reclamação. Ando trabalhando até tarde ultimamente e estou exausto... mas não estou doente. Tenho boa saúde e posso fazer muito mais.

Uau. É incrível quanta felicidade consigo sentir quando faço isso. E quanto a você? Quando miramos na gratidão do momento atual, nos tornamos mais positivos, tolerantes e generosos. Acima de tudo, nós nos abrimos para a felicidade cotidiana, e essa abertura em algum momento muda a realidade.

capítulo 5

"sentir-se" feliz em vez de "tornar-se" feliz

esqueça o que a felicidade devia ser

A sociedade aceitou certos padrões que são "exemplos de felicidade" e que sugerem modos como devíamos viver nossas vidas: conseguir um emprego estável, casar, começar uma família, ter dois ou três filhos, aproveitar os netos. Isso é amplamente aceito como uma vida feliz, e a maioria de nós (em um ponto ou outro) acreditou que seria feliz assim que alcançasse essas coisas.

A psicologia positiva, um ramo da psicologia que estuda a satisfação e a realização pessoal, revela um modelo completamente diferente de felicidade. A psicóloga Sonja Lyubomirsky diz que 50% da nossa felicidade é determinada geneticamente, 10% pelas circunstâncias e situações da vida e os 40% restantes pelas nossas ações diárias. "Situações e circunstâncias da vida" incluem vários fatores, como onde vivemos, se somos ricos ou pobres, saudáveis ou doentes, casados ou divorciados e assim por diante.

Isso é surpreendente — penso que muita gente deve achar que a felicidade depende mais de 90% das circunstâncias e situações da vida e cerca de 10% da genética. Dessa forma, alguém que ganhasse hoje na loteria poderia viver feliz para sempre. Ou talvez essa mesma quantidade de pessoas acha que 20% da felicidade é determinada geneticamente, e 10% causada pelas circunstâncias. Neste caso, se é incrivelmente lindo, você deveria ser feliz com muita facilidade.

a genética determina 50% da nossa felicidade

Estudos conduzidos em gêmeos idênticos criados em ambientes distintos mostram que as pessoas têm padrões de felicidade que apoiam o conceito de que a genética determina 50% da nossa felicidade. Isso não quer dizer que nossa aparência, inteligência ou coordenação vão determinar nossa felicidade — quer dizer que, assim como nosso peso corporal natural, todos teremos um certo nível de felicidade fixo, independentemente dos acontecimentos maravilhosos ou trágicos que ocorram conosco.

Cinquenta por cento da nossa felicidade é baseada nesse nível natural. Desde muito cedo na vida, todos desenvolvemos personalidades diferentes. Por exemplo, algumas crianças sorriem com muita facilidade. Elas nasceram assim; não estão tentando forçar isso para serem felizes. Há pessoas que crescem se sentindo positivas, não importa o que encarem. Elas sempre animam o ambiente ao seu redor. Não há dúvidas de que pessoas assim existem, mas não estamos condenados se não somos uma delas. Lembre-se: genética conta para apenas 50% da nossa felicidade.

o ambiente determina apenas 10% da nossa felicidade

Dizem que nosso ambiente influencia nossa felicidade em apenas 10%. É verdade que nosso nível de felicidade melhora dramaticamente se garantimos padrões mínimos de segurança, alimentação e um lugar para dormir. A felicidade pode ser comprada com dinheiro até certo ponto. Mas qualquer melhoria no ambiente depois disso tem pouco impacto na nossa felicidade. Não é estranho pensar que todos esses objetivos-padrão de vida — nosso trabalho, renda, casa, casamento, clima, se temos ou não filhos — só tem um papel em 10% da felicidade que experimentamos?

É porque nos acostumamos às coisas. Não importa se temos muito ou pouco dinheiro, se vivemos em uma mansão em uma ilha tropical ou em uma tenda de um cômodo lotada de gente em uma tundra gelada, nosso ambiente afeta nosso contentamento só em 10%.

Vários estudos confirmaram esse fenômeno. Quando um evento maior acontece pela primeira vez, é percebido como uma variante, um estímulo. Ficaremos superfelizes se ganharmos na loteria. Podemos cair em depressão ou ficar muito doentes se perdemos um ente querido. Mas a maioria de nós logo aceita a nova circunstância e se ajusta com velocidade surpreendente.

Formar-se em uma boa faculdade, arrumar emprego em uma boa empresa, casar-se, ter filhos, comprar uma casa, economizar para a aposentadoria e aproveitar os netos. Esse é o modelo exemplar de felicidade. Mas não importa o quanto alcancemos deste modelo, em algum momento vamos nos acostumar a cada novo degrau da escada.

nossas ações determinam 40% da nossa felicidade

E então chegamos aos 40% do que nos faz feliz, os 40% que podemos mudar com nossas ações. Até agora, já mencionei vários resultados de pesquisas sobre a felicidade. Você sabia que o modo de avaliar a felicidade nesses estudos é bem simples? Os sujeitos são perguntados diretamente. Um exemplo poderia ser algo como: "Olhando no longo prazo, você está satisfeito com sua vida?". Se as pessoas se sentem felizes, neurotransmissores serão liberados em seu cérebro e podem ser medidos. Mas ainda que essas substâncias possam ser detectadas no momento em que as medições são feitas, não é possível dizer se os resultados vão se manter por um longo período. Não é possível fazer essas medições de forma contínua, ao longo da vida das pessoas. No teste, a felicidade é algo que precisa se declarada individualmente.

A felicidade depende de como você a interpreta. A felicidade não é algo fora de você; está dentro de você. A felicidade está sempre em seu coração. Muitas pessoas dizem isso de formas distintas, e estão sempre certas. A felicidade é basicamente algo que cada um de nós pode medir apenas declarando nossa própria sensação de contentamento. Uma pessoa pode estar em uma situação difícil, que parece dura para outras pessoas, mas se ela sente que é feliz, se está grata por suas condições, então está tudo bem. É por isso que nossas ações compõem 40% da nossa felicidade. A felicidade não é um estado que conquistamos ao cumprir determinados critérios. A felicidade é algo que só podemos sentir no momento.

você não se torna feliz

Certa vez uma pessoa me disse que a única coisa que faltava em sua vida era ter filhos. Ela acreditava que ficaria contente ao alcançar esse objetivo. Talvez muita gente se sinta assim. Assim que alcançarem determinados critérios, serão capazes de "se tornar" felizes.

É como alcançar o cume de uma montanha chamada "Montanha Feliz", em que temos felicidade garantida pelo restante de nossas vidas. Ou correr a "Maratona Feliz", na qual você cruza a linha de chegada e é recompensado com uma medalha chamada "Felicidade". Mas a felicidade não é o alto de uma montanha ou uma linha de chegada. Não é possível "se tornar" feliz. Isso porque cada conquista pode deixá-lo feliz por um momento, mas logo se acostumará com isso. Vai se tornar parte de sua vida diária, algo que será considerado garantido.

Alguém que ganha na loteria tem muita sorte. Será capaz de deixar o emprego e não se preocupar com o futuro. Será capaz de experimentar qualquer prazer da vida sem preocupações financeiras. Mas essa pessoa não pode imaginar com certeza como se sentirá depois de um ano do grande prêmio, e provavelmente descobrirá que grande parte da alegria inicial desapareceu. Acostumamo-nos com as mudanças, mesmo com as grandes. Como alguém que quer filhos, que pensa que filhos são a única coisa que falta em sua vida, imagina que se sentirá três anos depois de ter um filho?

Você não "se torna" feliz. A felicidade não é uma recompensa que alguém recebe seguindo exemplos estabelecidos. Não vem anexa a certas conquistas da vida e não é entregue a você em uma bandeja de prata.

"sentir-se" feliz em vez de "se tornar" feliz

Acho que a felicidade é algo que só pode ser sentido, e é só no presente que você pode experimentar esse sentimento de verdade. É uma sensação de prazer que surge de momento em momento. Uma pessoa que é infeliz não pode planejar ser feliz amanhã, no dia seguinte ou daqui a um ano, porque assim que o momento chegar, ele será simplesmente outro "agora" para ela ser infeliz. Se olharmos por outro lado, não há nada mais que precisamos para nos sermos felizes neste instante. É possível nos sentirmos felizes sempre.

o minimalismo maximiza os 40% de felicidade que consigo com minhas ações

Se nosso ambiente só pode afetar nossa felicidade em 10%, por que gastar tempo acumulando um monte de bens materiais? Por que não viver em um apartamento minimalista e se libertar para mudar suas ações, que são 40% de sua felicidade, ao dizer adeus para suas coisas?

Para mim, o minimalismo foi parte essencial do meu caminho para a felicidade. Agora vivo meus dias sentindo uma felicidade muito maior do que jamais senti antes. Eu costumava ser uma pessoa introvertida, que não sorria nem falava muito. As pessoas costumavam dizer que não tinham ideia sobre o que eu estava pensando, como se fosse algum tipo de robô. Mas aquele robô está começando a mudar lentamente.

Como não possuo muitos objetos, tenho o luxo do tempo. Posso desfrutar da minha vida sem me sentir estressado ou sobrecarregado. Aquele orgulho inútil desapareceu e, desde que não sou mais constrangido pelas aparências, fui capaz de dar o passo ousado de escrever este livro.

Tenho melhor concentração e estou finalmente focado no trabalho que sempre quis fazer. Presto mais atenção no aqui e no agora. Não revivo traumas passados nem me preocupo com a incerteza do futuro.

Mais do que tudo, no entanto, a maior mudança em meu comportamento desde que disse adeus para minhas coisas foi o despertar de uma nova sensação de gratidão todos os dias. Sou verdadeiramente movido pelas experiências do momento presente e me encontro caminhando pela vida me sentindo grato pelos amigos que tenho e pelas poucas coisas que mantive.

O minimalismo não é um objetivo. É um método. Há muitas lições importantes que aprendi com o minimalismo. Mas se já aprendeu essas lições e outras, você não precisa se tornar um minimalista. Até eu tenho liberdade de começar a comprar mais coisas, desde que continue a valorizar as lições importantes que o minimalismo me ensinou.

Minimal & Ism, o site que tenho com Numahata, recebeu esse nome por causa da ideia de que ao, reduzir suas coisas a um estado mínimo, podemos descobrir o que é realmente importante para nós. Enquanto segui meu caminho minimalista, acho que descobri o que é mais importante: as pessoas ao meu redor.

Não só família e amigos, pessoas bonitas, talentosas ou cujas opiniões combinam com as minhas. Isso inclui todas as pessoas que conheço a cada dia.

O que é importante na minha vida? É a pessoa que está à minha frente neste exato momento.

epílogo e agradecimentos

Eu me tornei especialista em gratidão, então isso será um pouco longo. Gostaria de começar dizendo que a primeira vez que cruzei com o termo "minimalista" foi em um artigo escrito por Naoki Numahata, com quem agora administro o site Minimal & Ism.

No dia em que o conheci, tivemos uma conversa apaixonada sobre minimalismo, e parece que nossos planos para o site foram lançados naquele instante. Nunca acreditei que eu fosse o tipo de pessoa que tivesse algo para oferecer aos outros, mas me apaixonei pelo fato de escrever para o blog, o que levou a escrever este livro. Estou muito feliz por ter feito amigos preciosos por intermédio do minimalismo.

Também gostaria de agradecer à nova empresa em que trabalho, a Wani Books. As pessoas de lá foram muito graciosas e me deram apoio quando disse — eu, um editor — que queria escrever um livro. Todo mundo deve ter se perguntado se tinha ficado maluco, se tinha só mais alguns meses de vida ou algo assim. Eu me sentia do mesmo jeito na época. Se a Wani fosse uma empresa maior, provavelmente não teria coragem de dizer algo sobre meu desejo.

Estendo minha gratidão de coração para o sr. Yokouchi, o presidente da empresa; a sra. Aoyagi, que lidera o departamento editorial e que apoiou com tanta generosidade meu projeto pouco usual; e à minha chefe, a sra. Ichiboji, editora da coleção fotográfica do departamento editorial. Gostaria de agradecer a todos do editorial por aguentar a barra quando eu estava perdido em pensamentos sobre este livro durante todo o ano.

"Qual é a graça de viver em um apartamento assim?", certa vez o sr. Sakurai, chefe do nosso departamento de vendas, perguntou. Estou realmente feliz por termos sido capazes de ter essas conversas ativas. Vamos lá vender o livro agora!

Para o sr. Otsuka, a pessoa que consultava citação após citação, e para todo mundo da administração: muito obrigado. Espero que este livro seja algo que mantenha todos do departamento de relações públicas muito ocupados. E, para as pessoas do departamento de negócios digitais, estou ansioso para lançar esta obra nessa plataforma também. Para o pessoal da área financeira, vou tentar não atrasar com as faturas deste livro. Muito, muito obrigado também ao pessoal da administração geral. E, para todo mundo dos outros departamentos, obrigado pelas palavras gentis de encorajamento. Fiquei feliz em ouvir que estavam ansiosos pela publicação.

Como editor que, em geral, atua nos bastidores, estou bem ciente que um livro chega aos leitores depois do trabalho duro de muita gente. Para o pessoal da Toppan Printing, que imprimiu este livro; todo mundo da National Bookbinding, que fez este trabalho acontecer; aqueles da ALEX Corporation, que lidaram com a edição eletrônica; o pessoal da Tokyo Shuppan Service Center, que foram responsáveis pela revisão; e o pessoal da Taiyo Shoji, por sempre transportar nossas pesadas cargas de livros — muito obrigado a todos vocês.

Por fim, mas não menos importante, agradeço às pessoas que atuam como nossos agentes e a todos das maravilhosas livrarias. Espero que continuem oferecendo este livro para nossos leitores.

Também gostaria de agradecer ao Steve Jobs e à Apple. Por causa do iPhone e do MacBook Air, dois produtos realmente minimalistas que o sr. Jobs introduziu ao mundo, fui capaz de dizer adeus a várias de minhas posses materiais e consegui escrever em qualquer lugar. E graças ao Microsoft Word que consegui produzir isso. Fui capaz de organizar minhas ideias graças ao aplicativo Tree2. O Dropbox tornou possível armazenar o material em segurança. Graças ao desenvolvimento de várias tecnologias é possível fazer tudo isso sem a necessidade de um equipamento extra.

Também quero mencionar minha gratidão ao Jonathan's, em Meguro, por me deixar escrever grande parte deste trabalho em seu restaurante; e ao Jonathan's, em Fudomae, por me deixar escrever o resto em seu restaurante. Sinto muito por ter permanecido horas a fio em seus estabelecimentos. Metade do motivo pelo qual escolhi mudar para Fudomae foi por causa de seu restaurante. Agradeço também à Biblioteca Metropolitana de Tóquio, uma biblioteca com um jardim maravilhoso, em que eu ia todos os dias enquanto escrevia. Os patos e as tartarugas que nadavam preguiçosamente no lago me inspiraram muito.

Aos minimalistas que tive a chance de conhecer: houve ocasiões em que me perguntei se as mudanças que mencionei eram coisas que aconteceram só comigo. Fiquei feliz em conhecer cada um de vocês, tão gentis, generosos e radiantes. Fiquei com a impressão de que, ao reduzir seus bens materiais, todos vocês experimentaram mudanças positivas e estão seguindo adiante.

Para os minimalistas com os quais me encontrei enquanto escrevia este livro: embora os conteúdos aqui sejam minha visão pessoal, fui imensamente estimulado por cada um de vocês. Penso em todos como meus amigos e espero vê-los novamente. Hiji, minha participação no evento "Minimalist Kyoto Off-Kay", que você organizou, acabou sendo o primeiro grande passo que dei. O encontro me ajudou a mudar.

Para todos os minimalistas que ainda não tive a chance de conhecer, mas que me ajudaram com publicidade: acredito que a divulgação do minimalismo vai ajudar mais pessoas a serem felizes e livres. Obrigado.

Ao designer Keito Kuwayama. Foi graças à divina rapidez do sr. Kuwayama que conseguimos deixar tudo pronto, apesar do tempo apertado. Você trabalha tão rápido que não pude deixar de dar um passo atrás, maravilhado — ainda estou surpreso. Obrigado por criar um projeto gráfico tão incrível em tão pouco tempo.

Shunsuke Murakami, editor deste livro. Nunca pensei que haveria um editor para um editor. Estou feliz por não ter tido que fazer tudo sozinho. Se tivesse, provavelmente eu já teria fugido para algum lugar. Várias vezes, enquanto escrevia, me perguntava se tudo era um produto da minha imaginação e se alguém entenderia alguma coisa. Nestes momentos, me lembrava das palavras de apoio do sr. Murakami, que me dizia que o que eu escrevia era interessante. Também fiquei feliz com a tanto de atenção que você deu ao trabalho como editor. Sinto por ter atrasado o manuscrito. Muito obrigado.

Obrigado também a todos os meus amigos e familiares que ajudaram a divulgar este livro. Por favor, me digam o que acharam, podem ser sinceros. Há uma coisa pela qual devo me desculpar: dei tudo o que vocês me deram. Realmente sinto muito por isso. Tirei fotos de tudo, lembrando-me da alegria que senti quando recebi, e disse adeus para tudo com sentimento de gratidão. Fui capaz de sentir uma felicidade imensa quando ganhei de vocês e novamente quando mandei embora. Muito obrigado.

E a todos os meus leitores. Obrigado por ler este livro. Compartilhei com vocês todos os pensamentos que tive, enquanto reduzia minhas posses materiais. Espero que possa haver algo, ainda que uma frase curta, que fique com vocês. Tenho certeza de que há muitos erros aqui, pelos quais sou plenamente responsável, e eu agradeceria muito se fizessem a gentileza de apontá-los.

Por fim, ao meu falecido pai e à minha querida e saudável mãe: se há algo neste livro que dê às pessoas uma sensação de liberdade, acho que é resultado da crença de vocês de não obrigarem seus filhos a fazer nada e a deixá-los ser independentes. Vocês me permitiram pensar por mim mesmo. Obrigado aos dois, do fundo do meu coração.

Gostaria agora de encerrar com uma das minhas citações favoritas. É de um poema escrito pelo poeta Rumi.

"E agora eu fecharei minha boca, esperando que você abra a sua."

recapitulando:
as dicas minimalistas
de Fumio Sasaki

1. Livre-se do preconceito de que você não pode se livrar de suas coisas;

2. Livrar-se de alguma coisa exige habilidade;

3. Quando descarta alguma coisa, você ganha mais do que perde;

4. Pergunte a si mesmo por que não consegue abrir mão de suas coisas;

5. Minimizar é difícil, mas não é impossível;

6. Há limites para a capacidade do seu cérebro, para sua energia e seu tempo;

7. Descarte alguma coisa agora mesmo;

8. Não há nada que você lamentará jogar fora;

9. Comece com coisas que claramente são lixo;

10. Reduza tudo o que tiver repetido;

11. Livre-se daquilo que não usou em um ano;

12. Descarte tudo o que você tem para manter a aparência;

13. Diferencie as coisas que você quer das coisas de que precisa;

14. Tire foto dos objetos dos quais é difícil se livrar;

15. É mais fácil revisitar suas memórias quando elas são digitais;

16. Nossos objetos são como colegas de quarto, só que pagamos o aluguel deles;

17. Organizar não é minimizar;

18. Ataque o ninho (os armários) antes da praga (a bagunça);

19. Deixe vazio seu espaço inutilizado;

20. Abandone a ideia de "algum dia";

21. Diga adeus para quem você costumava ser;

22. Descarte as coisas das quais já se esqueceu;

23. Não fique criativo na hora de jogar coisas fora;

24. Deixe de lado a ideia de recuperar seu dinheiro;

25. Não é necessário estocar;

26. Sentir alegria vai ajudá-lo a manter o foco;

27. Sites de venda ou leilões são um método rápido de se livrar de suas posses;

28. Use os leilões para olhar suas coisas pela última vez;

29. Use um serviço de coleta para se livrar de seus pertences;

30. Não se prenda ao preço pago inicialmente;

31. Pense nas lojas como seus depósitos pessoais;

32. A cidade é nosso espaço pessoal;

33. Descarte qualquer coisa da qual não possa falar apaixonadamente;

34. Caso você perdesse esse objeto, voltaria a comprá-lo?;

35. Se não consegue se lembrar de quantos presentes você já deu, não se preocupe com os presentes recebidos;

36. Tente imaginar o que a pessoa falecida teria desejado;

37. Descartar memorabilia não é o mesmo que descartar lembranças;

38. Nossos objetos maiores despertam reações em cadeia;

39. Nossas casas não são museus; elas não precisam de coleções;

40. Seja social; empreste e pegue coisas emprestadas;

41. Alugue o que pode ser alugado;

42. As redes sociais podem aumentar sua motivação para minimizar;

43. E se você começar do início?;

44. Diga "até logo" antes de dizer adeus;

45. Descarte tudo o que gerar ruído visual;

46. Um entra, um sai;

47. Evite a falácia do Concorde;

48. Seja rápido em admitir os erros, pois eles o ajudam a crescer;

49. Pense em comprar como alugar;

50. Não compre porque é barato. Não pegue porque é de graça;

51. Se não for um "sim, por favor!", então é um "não";

52. Coisas das quais realmente precisamos sempre voltam para nós de algum jeito;

53. Conserve a gratidão;

54. Descartar coisas pode ser um desperdício, mas a culpa que o impede de minimizar seus bens é o verdadeiro desperdício;

55. As coisas para as quais dizemos adeus são as coisas das quais nos lembraremos para sempre.

recapitule:
mais 15 dicas para a próxima etapa da sua jornada minimalista

1. Ter menos coisas não significa menos satisfação;

2. Encontre seu uniforme pessoal;

3. Encontramos nossa originalidade quando temos menos;

4. Se já pensou em jogar algo fora cinco vezes, jogue;

5. Se já desenvolveu suas habilidades minimalistas, é possível pular a etapa do "até logo";

6. Um pequeno inconveniente pode nos fazer mais felizes;

7. Descarte mesmo que lhe traga alegria;

8. O minimalismo traz liberdade — quanto antes você experimentar, melhor;

9. Descartar coisas pode deixá-lo com menos, mas nunca o tornará uma pessoa menor;

10. Questione o jeito convencional de usar as coisas;

11. Não pense, descarte!;

12. O minimalismo não é uma competição, não se vanglorie do pouco que você tem. Não julgue alguém que tem mais do que você;

13. O desejo de descartar e o desejo de possuir são as duas faces da mesma moeda;

14. Encontre seu próprio minimalismo;

15. O minimalismo é um método e um início.

Primeira edição (setembro/2021)
Papel Ivory Slim 65g
Tipografias Josefina Slab e Montserrat
Gráfica LIS